野球

天理高校式メニュー

基礎・基本を大切に甲子園へ

中村良二 　天理高等学校硬式野球部監督

JN101600

はじめに

　私は選手たちに、野球を通じていろいろなことを経験し、成長してほしいと思って日々指導しています。野球は組織でやるスポーツです。さまざまな連係プレーが野球の要素には含まれているので、その中で多くのことを身につけられると思っています。そこで得たものが将来、

必ず自分の役に立つはずです。

　私は野球の指導で基礎基本を大事にしており、この本でもテーマにしました。基礎基本があるからこそ応用があると思っています。それは社会に出ても同じことです。人としての基礎基本ができていたら、いろいろなことを学んで吸収できるけれど、それがなかったら、身についてこないと思います。そういうところも伝えていきたいと思っています。この本を読んでいただき、当たり前のことを当たり前にできないとダメだということを再度認識してもらいたいです。

　最近では野球を楽しもうという声もありますが、楽しむ前に必要なことを身につけるのは大変です。苦しくてきついし、時には嫌なことも

あるでしょう。でもそれを乗り越えたときに楽しさが見えてくると思っています。楽しくやろうと思っても自分が失敗したり、試合に負けたりすると楽しくありません。やはり、試合に勝てたり、自分が結果を出せたりするから楽しいわけです。その楽しさをはき違えてほしくはありません。自分やチームの結果がほしいなら、それ相応の苦しいことにも向き合わないといけない。やり切らないといけないというのは絶対です。

公式戦は「やってきたことを楽しめ」と言って、サインは基本的には出さないようにしています。自分たちで考えてアイコンタクトをして、バントをしたりエンドランをしたりしてほしい。

そんな野球ができるようになったら一番いいわけです。それにはそれだけの練習をしないといけません。

教育という言葉があります。私は教えて育ってほしいと思っているし、選手は教えてもらって育とうとする。選手と指導者が一つの言葉で共感し合えれば組織は成長するし、個人も成長すると思います。そうした思いも込めて、この本を書いています。

天理高等学校硬式野球部監督
中村良二

CONTENTS

はじめに ——————————————————— 2

本書の使い方 ——————————————— 8

第1章 アップ＆キャッチボール

Menu 001　ストレッチ ———————————————— 10

Menu 002　ランニング ———————————————— 11

Menu 003　動的ストレッチ ————————————— 12

Menu 004　ダッシュ系アップ ————————————— 14

Menu 005　柔軟性のトレーニング ——————————— 15

Menu 006　ダッシュ ————————————————— 16

Menu 007　補強 ——————————————————— 17

Menu 008　キャッチボール ————————————— 18

Menu 009　遠投 ——————————————————— 20

Menu 010　クイックスロー ————————————— 22

コラム 1　高校野球界の変化 ————————————— 24

第2章 守備練習

Menu 011　守備の連続動作 ————————————— 26

Menu 012　守備の基本ドリル ————————————— 30

Menu 013　ボール回し ———————————————— 34

Menu 014　ノックの打ち方 ————————————— 36

Menu 015　内野ゴロの捕り方 ————————————— 38

Menu 016　内野手のスローイング ——————————— 40

Menu 017　バント処理 ———————————————— 42

Menu 018　併殺の取り方 ——————————————— 44

Menu 019	タッチプレー	46
Menu 020	挟殺プレー	48
Menu 021	外野フライ捕球	50
Menu 022	外野手のスローイング	52
Menu 023	フェンス際の守備	54
Menu 024	カットプレー	56
Menu 025	カバーリング	58
Menu 026	捕手のキャッチング	60
Menu 027	捕手のブロッキング	61
Menu 028	捕手のスローイング	62

第3章　打撃練習

	天理の強打を支える道具	64
Menu 029	分習法1 構え方	65
Menu 030	分習法2 タイミングのとり方	66
Menu 031	分習法3 トップの形づくり	68
Menu 032	分習法4 インパクトするポイント	70
Menu 033	分習法5 トップからスイングするバットの出し方	72
Menu 034	分習法6 軸足の使い方	74
Menu 035	分習法7 前足の使い方	76
Menu 036	分習法8 スイング後のフォロースルー	77
Menu 037	コース別スイング	78
Menu 038	変化球スイング	79
Menu 039	スピードスイング	80
Menu 040	ウォーキングスイング	81
Menu 041	ティー打撃	82
Menu 042	5連続ティー打撃	84
Menu 043	腰落としティー打撃	85
Menu 044	ロングティー	86
Menu 045	フリー打撃	88
Menu 046	バント	90
Menu 047	エンドラン	94

第4章　走塁練習

Menu 048	駆け抜け	96
Menu 049	オーバーラン	97
Menu 050	リードのとり方	98
Menu 051	盗塁のスタート	100
Menu 052	スライディング	101
Menu 053	第二リード	102
Menu 054	ランナーコーチ	104

第5章　投球練習

Menu 055	キャッチボール	108
Menu 056	遠投	110
Menu 057	25〜30mキャッチボール	112
Menu 058	立ち投げ	114
Menu 059	ブルペン投球	116
Menu 060	セットポジション	118
Menu 061	牽制球	120
Menu 062	実戦投球	124
Menu 063	さまざまな球種の投げ方	125
Menu 064	フィールディング	130
Menu 065	カバーリング	132
Menu 066	投球前のケア	134
Menu 067	シャドーピッチング	136
コラム 2	低反発バットの導入について	138

第6章　トレーニング

Menu 068	スクワットジャンプ	140
Menu 069	フェンスブリッジ	142
Menu 070	ＢＢスクワット	144
Menu 071	シャフトスイング	146
Menu 072	アームサーキット	148
Menu 073	ＡＢＣスキップ	150

第7章　監督・中村良二の指導法

天理高校野球部の特色	154
指導の根幹	156
指導の原点	158
プロ野球を経験して	160
スカウトしないチームづくり	162
キャプテンの決め方	164
メンバーの決め方	166
サインをあまり出さない理由	168
甲子園という場所	170

| おわりに | 172 |

本書の使い方

本書では写真や図版、アイコンなどを用いて一つひとつのメニューをわかりやすく解説しています。「やり方」を読むだけでも練習はできますが、各種アイコンがついている練習のポイントなどを読んで理解を深めることで、より効果的な練習になるはずです。

目的

なぜこの練習が必要なのか

なぜこの練習が必要なのか練習の意図を説明しています。

キーワード

ターゲットは？

各練習で必要な要素をピックアップしています。

 ポイント

練習で大事な意識や動き

練習中のポイントについて、写真などを使って解説。意識して取り組むことで、より効果的な練習になります。

図版

動きを詳しく知ろう

上から見た図で、練習者やボールの動きなどを解説しています。

アドバイス

技術力向上の秘訣

練習を効率よく行ったり、技術の向上につなげたりするために必要なアドバイスを解説しています。

第1章

アップ＆キャッチボール

ウォーミングアップとキャッチボールについて紹介します。
野球の基本に必要な動きを身につけて、
ケガなく技術を向上させる土台をつくりましょう。

万全の状態で
練習に入る準備をする

回数or時間
10分

目的

ケガの防止と最善の準備

ケガをせず、万全の状態で練習に入るための準備を行う。これまでの経験でケガが多かったところや不安な箇所をほぐして、よい状態で練習に入れるようにする。

やり方

全体練習の前の10分間で、各々が体のコンディションを確認しながら、故障がちなところを中心に曲げ伸ばしする。内容は選手に任されており、必要であれば、ランニングを行ってもいい。

ある選手のストレッチ例

❶股関節

仰向けで臀部にボールを当ててほぐしながら足を時計回り、反時計回りに回す。股関節の可動域を広げる

ここにボールを置く

ポイント

柔軟性を鍛えよう

柔軟性がパフォーマンス向上につながるので、柔らかくしたい部位を重点的に伸ばしていこう。

❷太もも裏と背中

片膝を地面につけ、前に伸ばした前足の太もも裏の筋肉を伸ばす

前膝を立て、肩を入れて背中の筋肉を伸ばす

❸背中

仰向けで両足を頭の後ろに持ってくる。背中の筋肉を伸ばす

❹背中と胸

仰向けで腰をひねる。背中の筋肉と胸郭（胸の骨）を伸ばす

キーワード
▶ アップ
▶ チームワーク
▶ モチベーションアップ

アップ＆キャッチボール

守備練習　打撃練習　走塁練習　投球練習　トレーニング　監督・中村良二の指導法

みんなの心を揃える

回数or時間
適宜

目的

心と体の準備を万全に

走って体を温めると同時に前後左右の選手と足を揃えることでチームワーク向上につながる。みんなで意識を一つにして練習に向かう気持ちを高めていく。

やり方

横4列に並び、ジョギングくらいのペースで走る。少し走り始めてから声を出し、動きと声を合わせることを意識する。

みんなで声を出して、一体感を高めていく

ポイント

モチベーションの確認

単純に体を温める目的であれば、個人でランニングを行ったほうが効率的かもしれないが、全員で声を出しながら行うことで選手のモチベーションが見えてくる。気持ちが入っていない選手は足が乱れてしまいがちになる。

前後左右の選手と足を揃えてきれいな隊列で走る

動きを入れながら
筋肉に刺激を与える

回数 or 時間
種目によって異なる

目的

野球につながる動きをする

動きを入れたストレッチを行い、体を温め、筋肉に刺激を入れる。野球のプレーで
使う箇所を動かすことで、トレーニングとしての役割も果たしている。

❶両腕を広げるストレッチ　真横10回、斜め各10回

直立して両腕を真横に広げる。胸郭を広げ、肩のインナーマッスルを鍛える

右斜め上と左斜め下にも腕を広げて肩の可動域を広げていく

左斜め上と右斜め下にも腕を広げる

❷足を上げるストレッチ　各10回

右肘と左膝をつけて股関節、太ももの裏、背中を伸ばす。右足は細かくステップしてふくらはぎに刺激を与える

左肘と右膝をつける。左の写真の動きと交互に繰り返す

膝を伸ばして前に上げた左足と右手をつける。太ももの後ろを伸ばす

右足と左手をつける。左の写真の動きと交互に繰り返す

❸太ももを伸ばすストレッチ 各10秒

アップ＆
キャッチボール

守備練習

打撃練習

走塁練習

投球練習

トレーニング

監督・中村良二の指導法

片足を前に出して、逆足
は膝が地面につかない程
度に後ろに引く。後ろ足
の太もも前を伸ばす

ポイント

過去の経験を生かす

これらの練習メニューは過去に
チームでケガが多かった箇所を
ターゲットに考案された。チー
ム内に同じ箇所を痛めている選
手が複数いたら、予防や再発防
止のメニューとしてアップに取
り入れたい。

❹脇腹のストレッチ 各10回

少し腰を落とし両サ
イドに脇腹をひねる。
野球は打撃や送球で
脇腹を使うので、プ
レーに直結しやすい

❺深呼吸 適宜

深呼吸をしながら肩
を回すことで脱臼の
防止につながる

両手を真上に伸ば
して深呼吸をする

13

刺激を入れて
野球に必要な動きを鍛える

回数or時間
数メートル×1往復

目的

体に刺激を与える

サイドステップやジグザグ走など細かく素早い動きを行うことで体に刺激を与える。
野球で使う動きを多く入れることで必要な筋肉を鍛える。

❶キャリオカ 1往復

腰をひねり、足をクロスさせながら横に進む。内野手がカットプレーで引いていく動きとよく似ている

❷サイドステップ 1往復

重心を下げてステップしながら横に進んでいく。太もも内側と股関節を鍛える。走塁など野球に多く使われる動き

ジグザク走	ジグザグサイドステップ

❸ジグザグ走 1往復

人と人の間をジグザグに駆け抜けていく。真っすぐでない方向に走ることでさまざまなところに刺激を入れる

❹ジグザグサイドステップ 1往復

サイドステップで動きながら人と人の間を背面から通り抜けていく。立っている人の距離はジグザグ走よりも少し短い

キーワード
▶ アップ
▶ 柔軟性
▶ ケガの防止

アップ＆
キャッチボール

守備練習

打撃練習

走塁練習

投球練習

トレーニング

監督・中村良二の指導法

股関節と足首の可動域アップ

回数 or 時間
10〜15回または10秒

目的

柔軟性の向上と故障防止

股関節や足首の柔軟性を鍛えて、可動域をアップし、パフォーマンス向上を目指す。また、シンスプリント（すねの故障）や腰痛の防止にもつながる。

❶開脚01 10秒

足を横に大きく開いて、両手を前に突き出す。開脚をすることで股関節の柔軟性を鍛える

❷開脚02 左右各15回

開脚した状態で右手を左足のつま先にタッチ。01で前、02で横と違う方向に動くことで股関節を全体的に柔らかくする狙いがある

同じように左手を右足のつま先にタッチ

❸足首の柔軟01 10回

足首を手で押さえてしゃがみ込む

かかとを上げずにお尻を上げる。シンスプリントの防止につながる

❹足首の柔軟02
10秒

胸と太ももをつけた状態でお尻を上げていく。膝が伸び切ればなおよし。腰痛の防止にもなる

❺足首の柔軟03
10秒

てのひらを地面につけて膝を伸ばす

キーワード
▶ アップ
▶ 走塁
▶ スタート

盗塁をイメージしつつ
短い距離を走る

回数or時間
適宜

目的 走力向上

短い距離を全力で走って体を温めると同時に走力向上を目指す。スタートするまでの動きを盗塁と同じようにすることで実際のプレーにつなげていく。

やり方

出塁したときと同じように離塁からのリードの形をとる。ホイッスルが鳴ったら、盗塁の要領でスタートを切り、全力疾走を行う。

実戦を想定して
リードをとる

いつでもスタートを
切れる体勢をとる

ポイント

スタート時の姿勢

左右両方によい反応ができるように意識をするが、足は右足を少し後ろに引き、つま先を開く。そうすることで、左足をベースに対し直線に出すことができる。

ホイッスルが鳴った
らスタートを切る

腹筋やジャンプで体幹を鍛える

キーワード
▶ アップ
▶ 体幹
▶ 瞬発力

回数or時間
種目によって異なる

アップ＆キャッチボール
守備練習
打撃練習
走塁練習
投球練習
トレーニング
監督・中村良二の指導法

目的

体幹の強化

アップの最後に行うメニュー。腹筋やジャンプで体幹を鍛える。
回数は少ないが、毎日行うことで長期的に大きな成果となる。

❶V字腹筋　20回

仰向けで足を伸ばす

膝を曲げずに足を上げ、両手をつま先にタッチ

❷ツイスト腹筋　30回

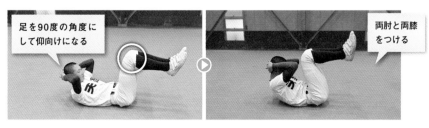

足を90度の角度にして仰向けになる

両肘と両膝をつける

❸ジャンプ　10往復

四つん這いになった人の上を両足ジャンプで跳び越える。瞬発力とふくらはぎの筋肉を鍛える

体幹を安定させて、着地後は間を置かずに一回で跳ぶ

すべてのプレーの基本を磨く

回数or時間
適宜

目的　基本の徹底

捕球と送球を繰り返すキャッチボールは野球の基本。投げ手はきれいなモーションで投げ、受け手はスムーズに送球できるように捕球する。キャッチボールがすべてのプレーにつながってくるという意識で取り組もう。

やり方

2人一組になり、投げ手が相手の胸に目掛けてボールを投げる。受け手は捕球したら素早く投げる体勢に持ち込む。最初は短い距離からスタートして、肩が温まったら、少しずつ投げる距離を延ばしていく。

ポイント

利き足で合わせる

右投げの選手の場合、右足で合わせるように捕球する。右足→左足の流れで足を運ぶことで送球までの流れがスムーズになる。左足→右足→左足の流れでも悪くはないが、前者のほうが速く送球に移れるため、天理ではこちらを推奨している。＊左投げの選手は左右が逆

捕球

右投げの選手なら右足でタイミングを合わせてボールを捕球

捕球したら、体の中心にグラブを持ってくる

✕ NG

足を止めて捕球する

送球

アップ＆
キャッチボール

守備練習

打撃練習

走塁練習

投球練習

トレーニング

監督・中村良二の指導法

軸をつくって
足を上げる

肩のラインを少し左
肩上がりでつくる

グラブを体の中心に引く
と同時に体を回転させる

❌ NG

左肩が下がり、体
が突っ込んでいる

👆 アドバイス

左右対称に開く

体の中心から左右対称（やや左肩上がり）に
開いていく。その際、右投げならば、左肩が
下がっていくと体の軸がブレて頭が突っ込ん
でしまう。するとリリースポイントがズレて、
悪送球になるので注意する。

左肩を下げない

形を意識して遠くに投げる

キーワード
▶ キャッチボール
▶ 肩力強化
▶ 送球

回数or時間
適宜

目的 肩を強くする

肩を強くするために遠い距離を投げる。遠くまで投げるためには適切なフォームをつくる必要がある。ただ闇雲に投げるのではなく形を意識しながら、遠くに投げられるようにしよう。

やり方

キャッチボールをある程度やったあと、塁間よりも大きく後ろに下がってキャッチボールをする。普通に投げては届かないため、助走をつけて、大きなモーションで相手を目掛けて投げる。

十分に助走をとる

体を割ったときに右投げの選手は左肩を上げる

アップ＆
キャッチボール

守備練習

打撃練習

走塁練習

投球練習

トレーニング

監督・中村良二の指導法

ポイント

肩の位置に注意

右投げの選手の場合、体を割ったときに左肩が下がってしまうと、リリースが安定せず、右上や左下にボールが逸れてしまいやすい。逆に左肩が上がっていると、体を回転させてきたときに肩がスムーズに回ってくる。この動きを理解している天理の選手は捕球したあとに自然と左肩が上がってくる。

＊左投げの選手は左右が逆

相手に向かって腕をしっかり振る

アドバイス

距離に応じて投げる練習も

遠くに投げることも大事だが、大きな放物線を描いて、その距離に応じて相手の胸に投げる練習をするのもよい。力加減やリリースの感覚をつかむ練習になる。

リリースを意識

併殺をイメージして速く投げる

回数or時間
3分

目的　**捕ってから速く投げる練習**

多くのチームでは通常のキャッチボールと同様にクイックスローを2人一組で行うが、天理では内野の併殺をイメージして6人一組でトスを取り入れながら回す。捕ってから、速く相手に送球できるように心がけよう。

やり方

6人一組となり、片側に3人ずつ並ぶ。ボールを受けた選手が左側の選手にトスをして、トスを受けた選手が向かい側にいる選手にボールを投げる。投げた選手は受け手の後ろに回るという動きをローテーションで行う。

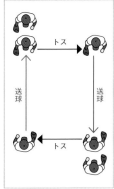

ボールを捕球して素早く握り替える

左側の選手にトスをする

アップ＆キャッチボール

守備練習

打撃練習

走塁練習

投球練習

トレーニング

監修・中村良二の指導法

受け手は 体に近い位置に 両手を構える

受け手は体に近い位置でグラブを構え、投げるほうの手はグラブの近くに添える。両手が体に近い位置にあると握り替えをスムーズに行うことができる。両手の位置が離れたり、グラブが体から遠い位置にあったりすると、握り替えが遅くなってしまう。

体に近い位置にグラブを構え、投げるほうの手はグラブの近くに添える

キャッチボールと同様に右足で合わせる
＊左投げの選手は左足

グラブと手を 体から離さない

グラブと手が体から離れてしまうとスピードが遅くなる。捕球から送球までに時間がかかり、プレーの安定感もなくなってしまう。

グラブと投げるほうの手が離れている

グラブと体が離れている

トスを受けたら素早く握り替える

向かい側の選手にボールを投げる

1 高校野球界の変化

　2023年夏の甲子園は6試合でテレビ中継の解説をさせていただきました。この年の甲子園は、髪型のことも話題になりましたね。徐々に丸刈りではない学校が増えているのは確かですが、私はどちらであっても気にする必要はないと思っています。

　私が高校生のときは、天理高校のこれまでの流れで丸刈りにしていましたが、引退してすぐに髪型を変えられるように少し長めの丸刈りでした。天理高校でも甲子園で優勝した1990年夏と97年春は丸刈りではなかったです。私の恩師の橋本武徳先生は髪型を気にするような人ではなかったからでしょう。

　とはいえ、現在の天理高校は全員丸刈りです。私はもう丸刈りにしなくてもいいのではないかとスタッフに話をしたことがありますが、結局はそのままになりました。散髪に行くと時間もお金もとられますが、丸刈りであれば、寮で各自ですることができます。それに天理高校に入ってくる選手たちは丸刈りにする覚悟で来るからそのままでいきましょうとい

うのがスタッフの意見でした。選手からも髪を伸ばしたいと言ってくることはありません。

　私はルールの範囲内であれば、自由でいいと思っています。例えば、髪を伸ばすにしても校則の範囲内であればOKという考えです。ただ、決まりがあるのに守らないのはおかしいですよね。それは今も昔も変わらないと思います。

　髪型に限らず、コロナ禍の3年間でどのスポーツも変わったと思います。特に夏は暑いし、いろいろな意味でやり方を変えないといけないのかなとは感じます。例えば小、中学生の体育の授業や夏休みの部活動も、昔だったら頑張れていたかもしれないけれど、3年間のコロナ禍で確実に体力は低下していると思います。それなら体力をつけようというのではなく、今の体力に合わせたルールを決めてやってあげないとダメな時代になっているのでしょう。甲子園でも5回が終わってからクーリングタイムが導入されるようになりましたが、さらに多くのことを考える時期に来ていると思います。

第2章

守備練習

守備力を高めるための練習法を紹介します。
天理高は基本に忠実で堅実な守備を持ち味としています。
まずは基礎をしっかりと磨き、
実戦につなげましょう。

ゴロ捕球→ベースカバー →逆シングル捕球を行う

基本 応用 実戦

目的

守備の基本を身につける

ゴロ捕球、ベースカバー、逆シングル捕球を続けざまに行うことで効率よく守備の基本を身につける。ここで習得した動きがノックや実戦でのプレーにつながってくる。

やり方

スタートして左にあるコーンをタッチ、そこから右斜め前に移動してゴロを捕球。送球したあとに併殺を取る要領でトスをキャッチして送球。最後はショートバウンドを逆シングルで捕球し、送球したあとにコーンをタッチする。

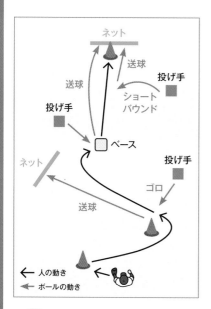

ネット
送球
送球
投げ手
ショート
バウンド
投げ手
□ ベース
投げ手
ネット
ゴロ
送球
← 人の動き
← ボールの動き

スタートの配置

❶コーンタッチ

スタートしてすぐ左にある
コーンにグラブでタッチする

ポイント

インパクトを意識

スタートしてコーンにタッチするのはインパクトの瞬間をイメージするため。あえて逆の方向に負荷をかけてスタートを切ることで、

実戦でインパクトの瞬間に重心を逆方向に置いていたときでも問題なく対応できるようになる。

アップ&キャッチボール

守備練習

打撃練習

走塁練習

投球練習

トレーニング

監督・中村良二の指導法

ポイント

捕球姿勢

ゴロの正しい捕球姿勢を身につ
けよう。ポイントは以下の３つ。
①しっかりと股を割って
　重心を落とす。
②右投げの選手は左足の
　つま先を立てる。
③中心よりやや左側の
　位置でボールを捕球する。
＊左投げの選手は左右逆

別角度

❷ゴロ捕球

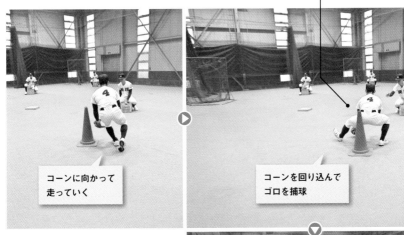

コーンに向かって
走っていく

コーンを回り込んで
ゴロを捕球

アドバイス

体が流れないように

送球がスムーズにできるように
ボールに対して右側から足を運
ぶが、捕球時に体が左側（送球
方向）に流れないよう注意する。

左斜め前にある
ネットに送球

❸ベースカバー

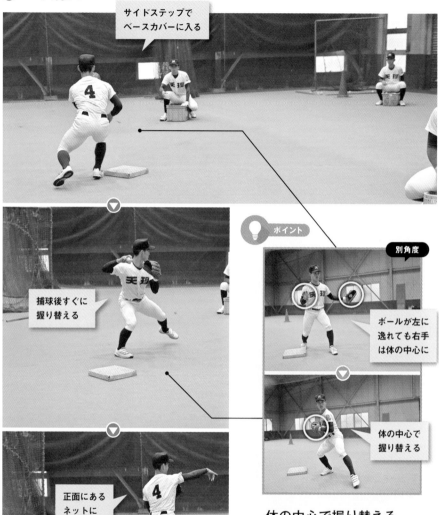

サイドステップで
ベースカバーに入る

ポイント

別角度

捕球後すぐに
握り替える

ボールが左に
逸れても右手
は体の中心に

体の中心で
握り替える

正面にある
ネットに
送球する

体の中心で握り替える

投げ手はあえて受け手の中心よりも左側にトスをする。この状態でも右手を体の中心に添えておくことで握り替えをスムーズに行うことができる。捕球したらグラブを体の中心に持ってきて、素早く送球に移ろう。

＊左投げの選手は左右逆

アップ＆
キャッチボール

守備練習

打撃練習

走塁練習

投球練習

トレーニング

監督・中村良二の指導法

💡 ポイント

逆シングルの
捕球姿勢

逆シングルでも普通のゴロ捕球
と同じように重心を下げる。グ
ラブの面をボールに対してしっ
かり向けることで捕球できる可
能性が高くなる。

別角度

捕球面をしっかり向ける

❹ショートバウンド

逆シングルでショート
バウンドのボールを捕球

ネットに
向けて送球

コーンをタッチ
して終了

キーワード
▶ 守備
▶ ゴロ捕球
▶ 捕球姿勢
▶ スローイング

基本 応用 実戦

打球をイメージした動きの習得

目的 基本から実際の打球処理につなげる

守備の基本姿勢を固めながら、さまざまな打球の処理の仕方を体に覚え込ませる。P26-29の連続動作と同じようにタッチ動作をすることで実際の打球をイメージした動きを行える。

やり方

ヘルメットを5つ置き、1つずつタッチしながら進んで、最後にゴロを捕球して送球する。目的は捕球姿勢の形をつくること。目線がブレることなく低い体勢を保ちながら、かかとから入り、つま先を外側に向けながら進んでいく。

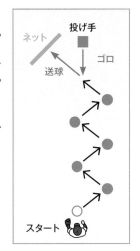

投げ手
ネット
ゴロ
送球
スタート

❶ヘルメットタッチ～捕球姿勢の練習

ヘルメットをタッチして進む

つま先を外側に向けて着地する

重心を落として捕球体勢に入る

かかとからつま先の順で入っていく

捕球したら体の中心に持ってくる

ネットに向けて送球する

❷ゴロ捕球

アップ＆キャッチボール

守備練習

打撃練習

走塁練習

捕球練習

トレーニング

監督・中村良二の指導法

左斜め後ろにあるコーンにタッチしてスタート

左斜め後ろにあるコーンをタッチしてから右方向に走ってゴロを捕球し、ネットに向かってワンステップで送球する。これは正面からやや右の打球に対してスムーズに入っていく練習。ダッシュ力をつける練習でもあるため、コーンをタッチしてから全力でボールを追いかけにいく。

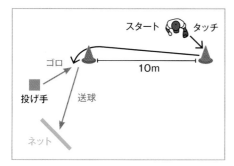

ダッシュでボールに向かう

ポイント

送球しやすいように入る

送球がしやすいようにボールの右側から入って、正面よりやや左の位置で捕球する。しっかりと股を割っていい捕球体勢をつくることを意識しよう。

ネットに向けてワンステップで送球

コーン付近でボールを捕球

31

やり方

内容はその2と似ており、今度は自分より左側にある打球に対応する練習だ。コーンをタッチしたらスピードを出してボールに向かい、重心を落としてボールを捕球、送球へとつなげていこう。

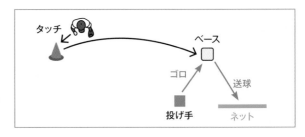

❸コーンタッチして左側の球へ～左側へも素早く向かう

右斜め後ろにあるコーンをタッチしてスタート

スピードを出してボールに向かう

重心を落として捕球

体の中心にボールを持ってくる

ネットに向けてワンステップで送球

❹コーンタッチして連続してゴロ捕球
～利き足を滑らせながら送球

コーンをタッチ
してスタート

やり方

右側にあるコーンをタッチして左側に走り、ゴロをシングルハンドで捕球。その後、右側に向けて走り、ゴロを捕球して右足（左投げの選手は左足）を滑らせながら送球。プレーを連続させることで効率よく守備力を向上させることができる。

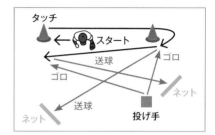

タッチ　スタート　ゴロ
送球　ゴロ　ネット
ネット　送球　投げ手

左側のゴロを
シングルハンドで捕球

体の右側に送球

右側の打球を捕球

右足を滑らせながら
体の左側に送球

塁間の距離を
正確に素早く投げる

キーワード
▶ 守備
▶ キャッチボール
▶ スローイング

基本　応用　実戦

目的

塁間をしっかりと投げ切る

塁間の距離を正確かつ素早く投げられるようにする。そのため、捕球位置を前にしたり、ステップを多くすることは推奨されない。体の近くで捕球し、ワンステップで送球しよう。

やり方

各ベースに選手が散らばり、時計回り、反時計回りの順に塁間の距離でボールを回していく。ベースの手前でボールを捕球し、ワンステップで隣の塁の選手に送球する。

待ち方

投げてほしいところがわかるように大きく声を出して呼ぶ。投げるほうの手はグラブの近くに添える

ポイント

投げる方向で
合わせる位置が違う

順回り（時計回り）の方向に投げるときは右足、逆回り（反時計回り）の方向に投げるときは左足でボールを合わせ、逆足でステップして投げる。一番いけないのは足を止めて捕球すること。投げる方向をイメージしながら足を動かし、正確かつ速く送球に移れるようにしよう。
＊左投げの選手は左右逆

アップ＆キャッチボール

守備練習

打撃練習

走塁練習

投球練習

トレーニング

監修・中村良二の指導法

❶順回り

右足で合わせる
ように捕球する

左足で踏み出して
左側の塁に送球

❷逆回り

右足で踏み出して
右側の塁に送球

左足で合わせる
ように捕球する

＊写真は右足で踏み出したあとの姿勢

さまざまな打球を打てるようにする

キーワード
▶ 守備
▶ ノック
▶ 事前準備

回数or時間
適宜

目的

守備範囲の打球を確実にアウトにさせる

捕球や送球を磨く練習にノックは欠かせない。ここではノッカーのポイントを紹介する。野手は投手が打ち取った打球を確実にアウトにするのが大前提。ノッカーは基本的には難しい打球よりも、堅実にプレーすればアウトにできるような打球を打つことが多い。

やり方

普通のバットより長いノックバットを使い、守っている選手に向かって球を打つ。さまざまな打球に対応できるようにするため、速い打球やバウンドさせた打球などを打ち分ける。

トスを大きく上げて間をとる

ポイント

実戦に近い間を与える

投手が投げてから打者がバットに当てるまでの感覚に近づけるために、ノッカーはトスをしてからバットに当てるまでの時間をあえて長めにする。試合とほとんど同じ間をつくることで、より実戦を意識しやすくする。

相手チームでノッカーを変える

公式戦の時期になると、相手に
応じてノッカーを変えている。
相手チームに右打者が多いなら
右打ちの監督・中村、左打者が
多いなら左打ちのコーチ・西尾
が練習や試合前のシートノック
でノッカーを担当することが多
い。左打者のレフト方向の打球
はライン際にスライスしやすい
など、右打者と左打者で打球の
傾向に違いがあるからだ。こう
した細かいところにも目を配り、
試合に向けて最善の準備を行っ
ている。

相手チームに右打者が
多いなら右打ちの監
督・中村がノッカー役
を務めることが多い

ポイント

さまざまな打球を
打つコツ

ゴロを打つ場合は、少し低
めにボールを上げて、フラ
イを打つ場合は、少し高め
にボールを上げると打ちや
すい。特にフライを打つと
きは、高めに上げたボール
を叩く意識で回転をかけて
打球を上げることによって
実戦に近いノックとなる。

アップ＆キャッチボール

守備練習

打撃練習

走塁練習

投球練習

トレーニング

監督・中村良二の指導法

捕球姿勢を身につける

基本　応用　実戦

目的　基礎練習の成果を出す

投手が打ち取った打球を確実にアウトにする。基礎練習で取り組んだことを実際の打球で再現して、守備の基礎を体に覚え込ませよう。

やり方

ノッカーや打者が打ったゴロに対して内野手がボールに向かっていき、ボールを捕球する。連続動作やドリルで取り組んだことを意識して行う。

ポイント

送球につながる捕球体勢をとる

投げたい方向に合わせて打球に入る。二塁手、三塁手、遊撃手が一塁に送球したいときは右側から入っていくのがセオリーだ。捕球するときは重心を下げて、自分の中心よりやや左側（左投げの選手は右側）にグラブを構える。右手（左投げの選手は左手）は正面を向けてグラブの近くに添える。捕球したあと、スムーズに送球まで移れるようにするために捕球時はグラブ側の足のつま先を上げておく。

右手を正面に
向けて添える

送球する方向に
つま先を上げる

体の中心から
やや左にグラブを置く

アップ＆キャッチボール

守備練習

打撃練習

走塁練習

投球練習

トレーニング

監督・中村良二の指導法

グラブを適度に離して構える

イレギュラーにも対応できるようにする

グラブは体に
近すぎない位置で

イレギュラーバウンドに対応できるようにするためにグラブは体からある程度離した位置で構える。グラブが体に近すぎると自在に動かすことができないため、上下左右にすぐさま動かせる位置にグラブを出そう。

上半身は
リラックス

しっかり股を割って下半身を安定させるが、上半身はなるべく力を抜く。上半身の力を抜くことにより、グラブや手首、腕が柔らかく使えて、自由に動かしやすくなる。

グラブを体付近で構える

近すぎると、グラブが自由に動かせない

正確な送球動作を身につける

基本 応用 実戦

目的

取れるアウトを確実に取る

内野ゴロは捕球して終わりではなく、走者にタッチをするか目的の塁に送球しないとアウトにならない。取れるアウトを確実に取るためにも正確なスローイングをして、失策を減らしていこう。

やり方

ノッカーやバッターが打った内野ゴロを捕球したあと、グラブの位置まで右足を前に持ってきて、投げたい方向に軸足を向ける。その後、投げる方向に踏み込んで送球する。

ポイント

キャッチ、ステップ、スローの順番を間違えない

この順番を間違えずに捕球から送球の動作を行う。スムーズな流れで行えるようにするには多くの反復練習が必要となる。

低い姿勢で打球に入る

まずは確実に捕球する

体の中心にグラブ
を持ってくる

捕球時のグラブの位置に
右足を持ってくる

肩の位置は左肩が
上がっているか平行

投げる方向に
左足を踏み込む

相手の捕りやすい
ところに投げる

ポイント

キャッチボールの
延長

捕球したらグラブを体の
中心に持ってくる。これ
はキャッチボールでも触
れたポイントだ。実戦に
移っても基本を忘れるこ
となくプレーしよう。

ポイント

高投はNG

基本的にはノーバウンド
で送球するが、受け手が
ジャンプしても届かない
ような高いボールは NG。
胸元に投げるのがベスト
だが、高すぎるボールを
投げてしまうよりはワン
バウンドになるほうが相
手が捕れる確率が高いの
でベターだ。

アップ＆
キャッチボール

守備練習

打撃練習

走塁練習

投球練習

トレーニング

監督・中村良二の指導法

チャージ後だれが捕るか 素早く判断する

キーワード
▶ 守備
▶ 連携
▶ グラブトス
▶ 声かけ

基本　応用　実戦

目的　相手の作戦を封じる

バントは確実に次の塁に走者を進めるのが狙い。守備側は状況を判断して連携を取りながら相手の進塁を防いでいく。

やり方

内野手が守備位置につき、投手が打者に投球。ランナー一塁の場合、二塁の場合など、ケースを想定して守る。相手打者がバントの構えを見せたら、投手は投げてすぐにマウンドを降り、走者一塁の場合は三塁手、二塁の場合は一塁手がチャージをかける。場合によってはサインを出して一塁手と三塁手が同時にチャージをかけることもある。

投手は投球したらすぐに前に出る

投手が基本的に捕りにいく。正面でまず捕球を意識

走者一塁のときの野手の動き

三塁手がチャージして投手は正面から見て右側に寄る

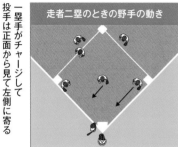

走者二塁のときの野手の動き

一塁手がチャージして投手は正面から見て左側に寄る

ポイント

野手との連携

ランナーの位置で一塁手、三塁手のどちらがチャージしてくるか変わるので、投手はランナーが二塁ならば、正面から気持ち少し左側、ランナーが一塁なら右側にチャージする。

アップ＆
キャッチボール

守備練習

打撃練習

走塁練習

投球練習

トレーニング

監督・中村良二の指導法

投手が主導で
声をかける

投手と野手の間に転がった
ときは投手が基本的に捕り
にいくが、捕れないと感じ
た場合は声とジェスチャー
で野手に任せる。野手は3
歩以内で自分が捕りにいく
べきかを判断する。

投手が野手に指示を出す

グラブトスで
スクイズ封じ

相手がスクイズをしてき
て投手の正面にボールが
転がってきた場合、投手
はグラブトスをして本塁
に送球する。グラブの芯
で捕り、手首を立てて、
捕手が構えた所よりも少
し低めを意識してトスを
するのがポイントだ。

グラブの芯で捕る

手首を立ててトス。
捕手の構えより
やや低めを意識

二遊間でスムーズに
アウトを取る

キーワード
▶ 守備
▶ トス
▶ 思いやり

応用　**実戦**

目的

ワンプレーで二つの
アウトを取る

一度のプレーでアウトを二つ取ることができれば、ピンチを防いで味方に流れを引き寄せることができる。通常の内野ゴロよりも難易度は高くなるが、焦らずに落ち着いてプレーしよう。

やり方

走者一塁を想定。内野手が守備につき、ノッカーが各人にゴロで球出し。選手は捕球したら二塁に送球して、二塁のベースカバーに入った選手が一塁に送球する。併殺を取りやすいように二塁手と遊撃手はあらかじめ二塁ベースに寄っておくことが多い。ここでは特に二遊間での併殺を紹介する。

ポイント

ボールが見えるようにトス

二遊間に打球が飛んだときは二塁にトスをしてアウトを取りにいく。重要なのが、受け手にボールが見えるようにトスをすること。ボールが見えにくいトスをしてしまうと、受け手の反応がワンテンポ遅れ、捕球ミスや送球の遅れにつながる危険性が高まる。受け手への思いやりが大切。

❶トスをする

受け手にボールが
見えるようにトス

アドバイス

一塁手から、二塁に送られたときは

一塁ランナーと重ならないようにベースの内側もしくは外側に見えるように出てあげてベースに入る。内か外かは、一塁手が捕球した位置によって決めることが多い。

❷受ける

ベースを踏む

左足でベースを踏む

アップ＆キャッチボール

守備練習

打撃練習

走塁練習

投球練習

トレーニング

監督・中村良二の指導法

ポイント

ベースを踏むのは左足

ベースカバーに入る選手は左足でベースを踏み、右足を踏み込んで送球する。捕球したあと、前に出るか後ろに引くかは打球が飛んだ位置や送球の強さによって判断する。送球の勢いが弱いと感じた場合は前に出るのが賢明だ。

前に出る

右足を前に踏み出す

後ろに引く

右足を後ろに踏み出す

ポイント

右足で踏んだら
二塁で確実にアウトを

併殺を取るに越したことはないが、まずは二塁でアウトを取ることが最優先。深い位置に打球が飛んで二塁に送球されたとき、受け手は右足でベースを踏んで体を伸ばして捕る。この体勢から併殺を取れるケースは少ないが、二塁をアウトにできるだけでも大きなプラスになる。

右足で踏んで体を伸ばして捕球

キーワード
▶ 守備
▶ タッチプレー
▶ コリジョンルール

基本 応用 **実戦**

捕球してタッチする 動きを覚える

目的 フォースプレー以外の場面でアウトを取る

走者が詰まっていない場合や盗塁を阻止するときなどは走者をタッチしてアウトにする必要がある。味方からの送球を受けたあとに触塁していない走者の体に触れることができたらアウトが成立する。

やり方

ノックやシート打撃などの実戦練習でタッチプレーが必要な場面で行う。ベースに入る選手は、ベースの前でどこにボールが来てもいいように待ち構え、捕球したら走者の足元にタッチをする。ボールが逸れた場合は走者の肩付近にタッチをしにいくこともある。

 ポイント

ベースの前で タッチする

タッチプレーは接触プレーとなるため、どうしてもケガのリスクがつきまとう。そのリスクを少しでも軽減させるためにベースの前で捕り、タッチをしにいく。ベース付近で捕球しようとすると、走者とボールがぶつかる恐れがあるからだ。

❶内野手

基本のタッチ

走者の足元にタッチする

送球が逸れたとき

体にタッチすることもある

アップ＆キャッチボール

守備練習

打撃練習

走塁練習

投球練習

トレーニング

監督・中村良二の指導法

❷捕手

ボールの待ち方

ベースを空けた状態で待つ

ベースを空ける

走者の走路をふさいではいけないコリジョンルールがあることから、捕手はベースを空けた状態でボールを待たないといけない。そのため、ベースの前や一塁側でボールを待つのが基本だ。

ポイント

捕手はできれば両手でタッチ

片手でタッチすると衝撃でボールがミットからこぼれてしまう恐れがあるため、できる限り両手でタッチをする。だがタイミングが微妙な場合は片手でタッチしないと間に合わないため、必ずしも両手でタッチしないといけないというわけではない。

タッチの仕方～両手

極力両手でタッチする

タッチの仕方～片手

タイミングが厳しい場合は片手でタッチ

タイミングや位置を考え ランナーを追う

基本 応用 **実戦**

目的 確実にアウトを取る

挟殺プレーはスクイズ失敗など相手の攻撃ミスから発生することが多い。守備側にとってはこれ以上ないアウトを稼ぐチャンスなので、落ち着いて確実にプレーができるようにする。

やり方

塁間で走者が挟まれたときに守備側がアウトを取りにいくプレー。進む側の塁と戻る側の塁にそれぞれ守備の選手を2人、塁間に走者を1人配置する。ボールを持った選手が走者を追いかけてタイミングを見計らって送球し、送球を受けた選手がタッチをする。

✕ NG

偽投はしない

偽投は相手走者を幻惑することができるが、受け手も戸惑ってしまい、ミスにつながりやすい。走るか投げるかどちらかハッキリさせよう

全力で追いかける

タッチは基本的に両手

アップ＆キャッチボール

守備練習

打撃練習

走塁練習

投球練習

トレーニング

監督・中村良二の指導法

ポイント

主導は受け手

投げ手は受け手が「来い」と指示したタイミングで投げる。また、受け手は投げ手が右投げであれば、投げ手から見て右側に寄っておく。左側に出てしまうと送球したときに走者とクロスして、送球が走者に当たってしまう可能性があるからだ。

OK 走者と重ならない位置でボールを待つ

NG 走者とクロスする位置で待つ

ポイント

もらうタイミングは3歩の距離

受け手がボールを呼ぶタイミングは走者と3歩の距離にいるとき。この距離であれば、走者がどちらに進んできても対応することができる。近すぎるとそのまま進んで来られたときに逃げられてしまい、遠すぎると戻られたときに追いつくことができない。

OK 走者と3歩の位置でボールをもらう

3歩

NG 近すぎると逃げられる

NG 遠すぎるとすぐにタッチできない

| キーワード |
| 守備 |
| 外野手 |
| フライ捕球 |

スムーズに落下点に入る

基本　応用　実戦

目的

ボールの
追い方を会得する

外野フライを捕球するためには正しい追い方を身につける必要がある。最初にコーンをタッチするのは Menu011、012 と同様に逆方向に負荷をかけるため。そこから後ろの打球を想定して追いかけ、しっかりと捕球体勢に入る。

やり方

人数はノックを打つ人と捕球する人の最低2人いる。スタートしてすぐに前にあるコーンにタッチして後ろへ。後ろにあるコーンを過ぎたところで体を切り返して背走しながら落下点に向かい、ボールを捕球する。

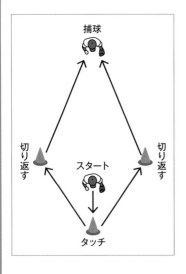

捕球

切り返す　スタート　切り返す

タッチ

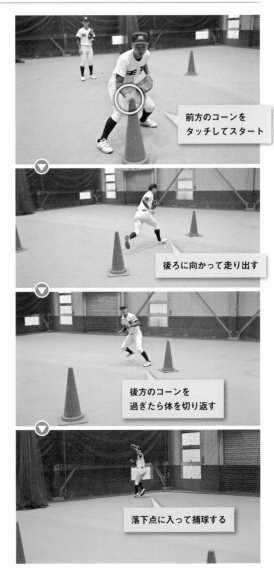

前方のコーンをタッチしてスタート

後ろに向かって走り出す

後方のコーンを過ぎたら体を切り返す

落下点に入って捕球する

ポイント

グラブは
体の近くに

ボールを追うときにグ
ラブは体に収めて、あ
ごを引いて目線がブレ
ないようにして走る。
グラブが体から離れる
と目線がブレてしまう
からだ。目線がブレる
と、正しい落下点に入
ることが難しくなって
しまう。

OK

グラブは
体に収める

NG

グラブが体から
離れている

ポイント

グラブは目線と
重ならない位置に

グラブはギリギリまで出
さず、捕球する直前に出
す。ボールがしっかりと
見えるように、目線と重
ならない位置にグラブを
出して捕球する。

目線から少しズラした
位置にグラブを出す

捕って勢いよく
投げる動作を磨く

基本　応用　実戦

目的　**送球の精度を上げる**

外野からの送球が1点を防ぐ攻防を左右することは多い。そのため、送球の精度はチームの勝敗に大きく関わってくる。投手を助けられるように捕球から送球までの流れをスムーズにする。

やり方

ノックや実戦練習で送球の精度を高めていく。外野へのゴロやフライを捕球したあと、目標の塁やカットマンに向けて送球する。

❶ゴロ

OK

見える位置で捕球する

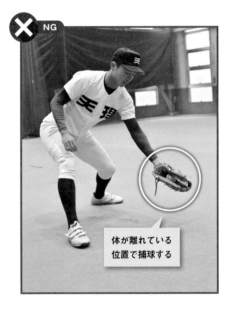

NG

体が離れている
位置で捕球する

ポイント

ボールが見える位置で捕る

体から離れた位置で捕球しようとすると、捕球ミスの可能性が高くなってしまう。そのためボールが見える位置で捕球するのがベスト。

捕球時は右足を前に出して、スムーズに送球に移れるようにする。
＊左投げの選手は左足が前

送球したい方向に
左肩を向ける
＊左投げの選手は右肩

アップ＆
キャッチボール

守備練習

打撃練習

走塁練習

投球練習

トレーニング

監督・中村良二の指導法

❷ フライ

体の中心にグラブ
を持ってくる

体を割ったときに
左肩を上げる

落下地点より
後ろから捕球する

💡 **ポイント**

落下地点より後ろに入る

落下地点に入って、止まった状態で捕球してしまうと送球に勢いが出ない。フライを捕球するときは落下地点より後ろに入って勢いをつけながら送球に移る。捕球してからはキャッチボールと同じように体の中心に持ってきて、左肩を上げて送球体勢に入ろう。

＊左投げの選手は右肩

53

クッションボールの処理と 大飛球のダイレクトキャッチ

基本　応用　**実戦**

目的

余計な進塁を防ぐ

クッションボールの処理に失敗すると、余計な進塁を与えてしまい、最悪の場合はランニングホームランを許すこともある。相手の進塁を最小限にするために冷静に判断して打球を処理できるようにする。

やり方

外野へのノックを上げてもらう。フェンス際の打球を追いかけ、ダイレクトで捕れるか捕れないかを判断して対応する。捕れないと判断した場合にはフェンスの跳ね返りを想定して打球を処理しにいく。

 ポイント

跳ね返る角度を 想定して動く

フェンスに打球が当たるまで追いつけないと判断した場合、ボールが跳ね返る角度をイメージして処理しにいく。単純にボールを追いかけるのではなく、ボールの動きをイメージしながら先回りしよう。

❶フェンス直撃の打球処理

跳ね返りの角度に合わせて捕りにいく

跳ね返った打球を捕球

素早くカットマンに送球する

❷フェンス際の飛球処理

手でフェンスの位置を確認

フェンス際の大飛球に対しては、フェンスにぶつからないように投げるほうの手を後ろに伸ばしてフェンスの位置を確認する。捕球できると判断した場合はフェンスに手をついた状態でジャンプして捕球しにいく。

投げるほうの手で
フェンスの位置を確認

フェンスに
手を添える

フェンスに手を
添えたままジャンプ

ジャンプして捕球する

アップ＆
キャッチボール

守備練習

打撃練習

走塁練習

投球練習

トレーニング

監督・中村良二の指導法

キーワード
▶ 守備
▶ 連係プレー
▶ カット

カットマンの捕球と送球を磨く

基礎　応用　実戦

ラインを合わせる

手を上げてボールを呼ぶ

引きながら捕球体勢に入る

目的　バトンパスのようにつなぐ

外野手の送球に勢いをつけてアウトの確率を高めるのが目的。リレーのバトンパスのように加速しながら、バトンの役割を果たすボールを次の選手につないでいこう。

やり方

外野へノックされた打球を外野手→内野手1（カットマン）→内野手2と返球する。カットマンが目標の塁と外野手の間に入り、外野手からの送球を捕球して目標の塁に投げる。ベースと外野手の直線上の位置で送球を受けることでタイムロスを最小限に留める。

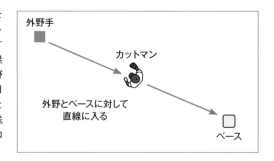

外野手

カットマン

外野とベースに対して
直線に入る

ベース

アップ＆
キャッチボール

守備練習

打撃練習

走塁練習

投球練習

トレーニング

能攀・中村良二の指導法

引きながら捕る

内野手1が止まった状態でボールを受けてしまうと、外野手からの勢いを殺してしまうことになる。外野手からの送球の勢いを生かすために引きながら捕って投げることを心がけよう。

ベースに向かって
送球する

体の中心にグラブを持ってくる

右足で合わせながら捕る
＊左投げの選手は左足

カットマンが
2人入れたらベター

送球ミスによる進塁を防ぐためにも可能であれば、カットマンは2人入ることが推奨される。2人目がカバーに入ることで外野手からの送球が上下に逸れても対応することができるからだ。

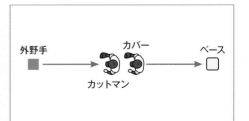

外野手　　　　カバー　　　ベース

カットマン

送球の延長線上で
ミスに備える

主なカバーリング例

図1 遊撃ゴロの一塁送球

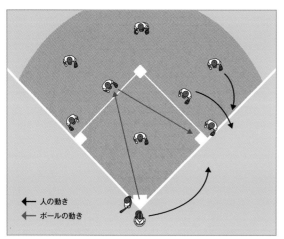

← 人の動き
← ボールの動き

捕手、二塁手、右翼手がカ
バーに入り、送球ミスが生
じた際の二塁進塁を防ぐ

目的

常にミスを想定する

ミスはいつ起こるかわからない。
いつミスが起きてもいいように
どんな場面でもカバーリングを
怠らず、相手に隙を見せないよ
うにする。

やり方

試合はもちろん、ノックや実戦練
習で、捕手から投手の返球や内野
ゴロの一塁送球など送球が発生す
るプレーのときに、ボールに触れ
ない選手が送球の延長線上に入り、
ミスが出たときに備える。

図2 三塁盗塁

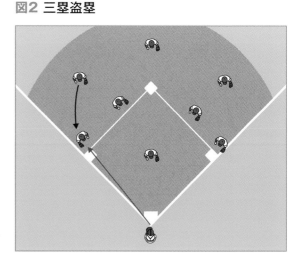

左翼手が三塁手の後ろ
に回り、捕手からの三
塁送球のカバーに入る

図3 捕手からの返球

アップ＆キャッチボール

守備練習

打撃練習

走塁練習

投球練習

トレーニング

監督・中村良二の指導法

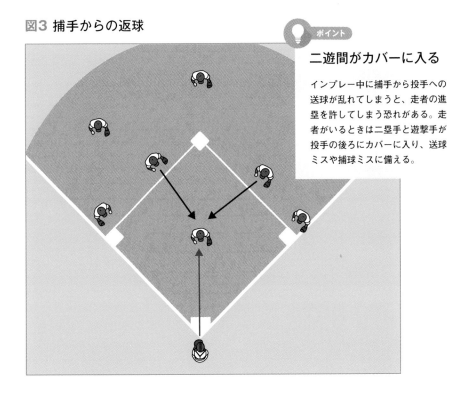

ポイント

二遊間がカバーに入る

インプレー中に捕手から投手への送球が乱れてしまうと、走者の進塁を許してしまう恐れがある。走者がいるときは二塁手と遊撃手が投手の後ろにカバーに入り、送球ミスや捕球ミスに備える。

二塁手が捕手の投手への返球に備える

投手の捕球を確認したらポジションに戻る

ボールがどこに来てもいいように備える

投手の後ろに移動

捕手が投手に返球することを確認

適切な構え、距離感での捕球を覚える

基本 応用 実戦

目的

ストライクを取ってもらいやすくする

キャッチングがうまいと球審にストライクを取ってもらいやすくなり、投手も気分よく投げられる。際どいコースであからさまにミットを動かすのは印象が悪くなるが、球審に見やすいように前のほうで捕球する。

やり方

ブルペンなどで投手が投げた球を捕球する。右手はファウルチップが当たらない位置に置き、キャッチする手の人さし指を時計の12時から1時くらいの位置に立てて捕球姿勢に入る。投手が投げるボールに対して間を取りながら適切な距離感で捕球する。

右手はファウルチップが当たらない位置に

ミットの角度は人さし指が時計の12時から1時くらいの位置になるように意識。この角度が捕球しやすい

投手のボールにタイミングを合わせる

左脇は開けすぎても閉じすぎてもいけない

体に近すぎない位置で捕球する

ワンバウンド捕球の コツを覚える

キーワード
▶ 守備
▶ 捕手
▶ ショートバウンド処理

基本　応用　実戦

アップ＆キャッチボール

守備練習

打撃練習

走塁練習

投球練習

トレーニング

監督・中村良二の指導法

お尻を落として
背筋を伸ばす

目的

進塁を防ぐ

バッテリーエラーは相手に進塁を許し、失点に直結することもある。後ろや横でなく、前にボールを落として走者が次の塁に進めないようにする。

やり方

投手にワンバウンドになる球を投げてもらい、体で止めて前に落とす。ブルペンや実戦練習ではもちろん、数メートル先から投げてもらう基礎練習でも、ワンバウンドを止める練習を欠かさずに行おう。

ポイント

当てる面積を大きくする

ワンバウンドになると感じたらお尻を下に落とすイメージで止める体勢に入る。その際に体が前に突っ込んでしまうと、打者が空振りしたときにバットが当たったり、はじく面積が狭くなって、後ろに逸らすリスクが高まったりする。背筋を伸ばしてボールが当たる面積を広げ、確実に前に落とせるようにしよう。

防具に当てて
ボールを前に落とす

正確かつ強い送球の
コツを身につける

基本　応用　実戦

前にステップする

目的　盗塁を阻止する

捕手のスローイングを強化することで相手の盗塁を刺す可能性が高まり、ひいてはスタートすら切られないようになる。相手の足技を封じるためにも正確かつ強いスローイングができるようにする。

やり方

投手の投球を受けた捕手が、スタートしたランナーを刺す練習。走者がスタートしたことを察知したら、捕手は捕球後に素早く握り替えて、目標の塁に向けて送球する。日頃の練習や試合のイニング間で送球の精度を高めていこう。

ポイント

前にステップする

捕球してからできるだけ前にステップしたほうが投げる距離が短くなる。ただ、前に行こうとしすぎて体が突っ込むのは NG。ステップしたときにしっかりトップをつくって、そのまま体を回そう。

ステップしたとき
にトップをつくる

トップをつくった
状態で体を回す

第3章

打撃練習

天理の看板と言えば強力打線。
監督の中村が指導者生活の中で編み出した分習法によって
選手たちは打力を向上させています。
この章を読んで、分習法をマスターしましょう。

練習で使用するバット

金属バットと長尺バット

　天理が打撃練習で使用するバットは、試合でも使用する通常の金属バットと、長さ87センチ、重さ750グラムの長尺木製バットの2種類。

　高校野球では公式戦で使用するバットの重さは900グラム以上と定められていることを考えると、長尺バットはかなり軽いといえるだろう。「軽いバットのほうが無駄な力を使わないで、自分の思い通りに振れる。体のキレも出るし、スイングスピードも上がる」というのが私・中村の考え方。通常のバットより重いマスコットバットを使用するチームが主流だが、天理では

マスコットバットを一切使用しない。ティー打撃やロングティーなどは長尺バットで行う。

　また、卒業後にプロ野球や大学野球に進む選手がいる強豪校では木製バットで打撃練習を行うことが多いが、天理はフリー打撃などでは金属バットしか使用させない。バットが折れたり、詰まって手が痛くなったりするのを恐れて、フルスイングできなくなることを防ぐためだ。高卒プロ入りを目指す選手でも金属バットで打撃練習を行い、木製バットに移行するのは夏の大会が終わってからだ。

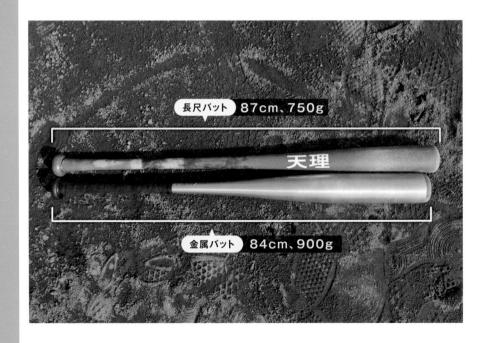

長尺バット　87cm、750g

金属バット　84cm、900g

投手がしっかり見える位置で力まずに構える

目的

自分が構えやすい構えを見つける

最初の構えはバットを振る前の準備姿勢。投手がしっかり見えるように構えて、力まずにリラックスした状態でボールを待つようにする。

やり方

Menu029から040は、いずれも投手の球をイメージしながら素振りする形で行う。自分に合ったスタンスやバットの位置で構え、投手の投球に備えて動きやすい体勢で待つ。

ポイント

分習法とは

分習法は監督の中村が中学野球を指導していたときに編み出した指導法。タイミングのとり方やバットの振り方など、打撃の動作を分解することで中学生にもわかるようにしたものだ。これを導入してから目に見えて結果が出るようになり、後に指導した天理大でも効果を発揮した。その成功体験を踏まえて天理高でも分習法で打撃を指導している。

構え方に正解はない。自分がしっくりくる足幅や手の位置を見つけよう。ただし、投手がしっかり見える位置で構えること

自分に合う
前足の動かし方を探す

基本 応用 実戦

目的

自分に合ったタイミングを探す

タイミングはバッティングにおいて重要な項目の一つ。タイミングが合わなければ、バットの芯にボールを当てることができても安打になる確率は下がる。打率を上げるためにも自分に合ったタイミングのとり方を探そう。

やり方

軸足を固定して、前足でタイミングをとる。足の上げ方やステップの仕方はそれぞれに任せている。

タイミングのとり方の
主な例

❶前足を引く

ポイント

無理に矯正はしない

タイミングのとり方が合っていないと思ったときは監督やコーチがアドバイスをすることはあるが、最終的に決めるのは選手。合っていないからといって、指導者がタイミングのとり方を無理に矯正することはない。

前足を引く長さは
自分に合う長さ
（幅）を見つける

❷前足を上げる

前足をステップする際に
投手側に突っ込まないこと

❸ノーステップ

体を使わない代わりに
自分の心の中で
リズムをつくること

❹そのまま
ステップする

ステップする
タイミングを
しっかりつくる

アップ＆
キャッチボール

守備練習

打撃練習

走塁練習

投球練習

トレーニング

監修・中村良二の指導法

タイミングをとると同時に両手を引いて準備する

基本　応用　実戦

 目的

スムーズなスイングができる準備をする

フルスイングができるよう、またスムーズにバットが出るよう、スイングを始める位置（トップの位置）に手を持っていく。

やり方 ▶

始動するタイミングで、両手を引いてバットを出す位置（トップの位置）に持ってくる。

ポイント

❶手の位置は耳の後ろ

タイミングをとるために足を引いたり、上げたりするときに両手をトップの位置に持っていく。その際、両手は後ろ耳の近く、投手から見て、両手が少し隠れる位置が理想だ。そ

こになければ、強くボールを叩けず、空振りや打ち損じの可能性が高くなる。後ろ耳から離れすぎると、バットが遠回りして力が分散されてしまう。

❷体のバランスは6：4

ステップしたとき重心のかかり方が、軸足に6割、前足に4割のバランスになっていることが理想。軸足の力を使うことで、フルスイ

ングができる。体重が前に行きすぎてしまうと、全力のスイングができない。

❸準備した段階でトップに

監督・中村の理想は元中日の立浪和義のように足を上げると同時にトップの位置に持ってくる打ち方。上げた足を下ろす段階でトップ

に入れようとすると、トップが浅くなるなどして強く打てない。

手の位置は耳の後ろ

ポイント❶

アドバイス

打つ準備と
打ちにいく仕掛け

①仕掛ける（打ちにいく）には準備が大切。

②打つ準備ができていないと、よい結果を出すことが難しくなる（トップの位置、軸足のタメ、全体のバランスを意識しておく）。

準備した段階でトップに

ポイント❸

体のバランスは6：4

6　4

ポイント❷

キーワード
▶ 打撃
▶ 分習法
▶ インパクト
▶ ポイント

コースに応じて的確なポイントで打つ

基本　応用　実戦

目的　打球に力を伝える

ポイントが少しでもズレてしまうと、力が打球にうまく伝わらず、とらえてもファウルになってしまうことがある。安打の確率を高められるようにボールをとらえる正しいポイントを身につける。

やり方

トップの位置からバットを出してボールをとらえにいく。コースに応じて的確なポイントでとらえ、フェアゾーンに強い球を打てるようにしよう。

ステップした前足の
ラインでインパクトする

ポイント

ホームベースの一番前でとらえる

両手で引っ張るようにバットを出してきて、前足のラインでとらえる。ここでどのコースもインパクトするイメージを持っておく。バットを出すときのポイントは真ん中外目が基本だ。

コースごとのとらえるポイント

❶内角

ステップした前足の横のラインまで両手で引っ張ってきて、そこから体を回転させる。するとバットとボールが直角に当たり、しっかりした打球がフェアゾーンに入るが、ポイントがこれより前になると直角に当たらず、バットがボールの外に当たってしまう分、芯をとらえてもファウルになりやすい。

❷真ん中

内角と同じようにステップした前足の横のラインまで両手で引っ張ってきて、そのままボールに対して直角に当てる。

❸外角

直角に当てようとすると遠い分、とらえるポイントが少し中になる（キャッチャー寄りになる）。そうすることで逆方向に強い打球が飛ぶ。

正しいバットの出し方を身につける

基本　応用　実戦

目的　最短距離でバットを出す

打率を上げるために最短距離となるインサイドアウトでバットを出す。ドアスイングになったり、体が開いたりすると確率が下がるので、正しいバットの出し方を身につける。

やり方

トップに入れた状態で、投球のコースがわかってきたら両手で真ん中外目にバットを引っ張ってくる。

両手でバットを真ん中外目のほうに引っ張り、インサイドアウトでバットを出す

真ん中よりやや外目にバットを出す

❌ NG

バットが外から出る

両手で引っ張る前に振ろうとするとバットが外回り（遠回り）して、強い打球が打てない。

💡 ポイント

両手でバットを引っ張る

両手でバットを引っ張り、真ん中よりやや外目に出すことで自然とインサイドアウトのスイングができる。両手で引っ張る前にバットを出そうとすると、ドアスイングとなり、確率を落としてしまう。

ポイント

前の肩を開かない

インコースにグリップを出す
と、その時点で体が開いて力
が分散されてしまう。前の肩
が開くことなく投手に向いて
いる状態からコースに合わせ
て下半身を回していくのがベ
ストだ。

OK

グリップエンドがしっかり
と真ん中外目に向いていれ
ば、バットのヘッドが残り
力強いスイングを生む

NG

インコース
にグリップ
が出ている

バットのヘッドが
遠回りしてしまう

アップ＆
キャッチボール

守備練習

打撃練習

走塁練習

投球練習

トレーニング

監督・中村良二の指導法

強く打つための
軸足の回し方を覚える

基本　応用　実戦

目的　下半身の力をうまく伝える

蓄えた下半身の力を上半身に伝えるために軸が前に行かないように軸足（後ろ足）を回す。蓄えた下半身の力がバットに伝わってきて、インパクトが強くなる打ち方になる。

やり方

軸足の後ろに箱を置き、6：4または7：3の割合で軸足に重心を残した状態からスイングをする。

軸足に6：4〜7：3のバランスで立つ

軸足が箱に当たらないようにスイングする

ポイント

箱に当たらないようにスイングする

箱に軸足（外側の面）が当たらないようにスイングを開始。軸足の力が内面に入ってきて、前足の内面とうまく合わさり、力が連動されることで下半身の力が上半身に伝わっていく。

NG

後ろ足の膝が入っていない

かかとが箱に当たるように回すと、後ろ足の膝が入らず力が後ろに抜けて腰も抜けるので、インパクトをするときに緩んでしまう。しっかり膝を入れてスイングしよう。

軸足の膝が入っていない

体が突っ込む

インパクトのときに後ろ足の膝が前に出て体の軸が突っ込んでしまうと、力が分散されてしまう。6：4もしくは5：5くらいのボディバランスで回すのが理想。

体が突っ込んでしまう

アップ＆キャッチボール

守備練習

打撃練習

走塁練習

投球練習

トレーニング

監督・中村良二の指導法

強く打つための 前足のステップ法を覚える

基本 応用 実戦

目的

軸足を回しやすいバランスを心がける

力が分散しないようにしっかり踏み込んで、スイングの際に力を伝えられるようにする。開きすぎず、窮屈すぎず、軸足を回しやすくする。

やり方

タイミングをとってステップしたときに右打者はセカンドの定位置、左打者はショートの定位置付近に前足のつま先が向くようにする。

右打者

セカンドの方向につま先を向ける

左打者

ショートの方向につま先を向ける

ポイント

つま先の位置はやや逆方向

上の写真のように、やや逆方向につま先が来るようになると、軸足を回しやすい。下の写真はいずれもNG。前足を真っすぐに止めすぎると、軸足を回したときにつっかえてしまい、逆に開きすぎると、膝が逃げて、力が外に分散されてしまう。

✕ NG

真っすぐに止めすぎると、軸足を回したときにつっかえる

開きすぎると、膝が逃げてしまう

インパクトのあと 振り抜く力をつける

目的

打球に対して力を加える

インパクトしたあと、打球方向にバットが行くことでより力を伝えやすくなる。打球に勢いをつけられるようにフォロースルーまでしっかりやろう。

やり方

インパクトで打球をとらえたら、そのまま打球の方向にバットを振り切る。無理のない軌道でスイングをフィニッシュさせる。

打球の方向にバットを出す

アップ＆キャッチボール

守備練習

打撃練習

走塁練習

投球練習

トレーニング

監督・中村良二の指導法

キーワード
▶ 打撃
▶ 素振り
▶ インサイドアウト

基本　応用　実戦

基本を実戦につなげる
素振りをする

目的　実際の投球をイメージして スイングする

分習法で習得した動きを素振りによって体にしみ込ませる。実際に投手が投げてくるのをイメージしながらスイングをして、分習法で習った基本を実戦につなげられるようにする。

やり方

投手のモーションに合わせてタイミングをとって、コースや球種を自分で意識してスイングする。基本的には真ん中外目にバットを引っ張ってきて、コースに合わせて体の回転でスイングし、コントロールする。

ポイント

真ん中外目に バットを持ってくる

どのコースをスイングする場合でも真ん中外目にバットを持ってくる。コースごとにスイングを変えようとするとスイングが複数必要になるが、これなら一つのスイングを身につければよい。内角の場合は体の回転を早くして対応し、少し遅くすれば外角に対応できる。投げてくるコースにより打者は反応するので、スイング自体は同じ。

基本は真ん中外目にバットを出す

外角

外角球は体を回転するタイミングを少し遅らせる

内角

内角球は体の回転を早くすることで対応する

体が泳いだ状態で素振りをする

目的

泳がされても強い打球を打つ

ストレートを待っている状態で変化球を投げられると、タイミングを外されて体が泳がされてしまう。その中でもいい当たりが打てるように前足で壁をつくってスイングできるようにする。

やり方

ストレート待ちのタイミングで変化球を投げられたことを想定し、体が泳いだ状態でスイングをする。その際に肩が開いてしまうと強い打球が打てなくなるので、前足で壁をつくるようにする。

 アドバイス

泳がされても強いスイングをするためには

ステップし、トップをつくったら6：4のバランスを4：6に変えて、トップからしっかりとスイングする。

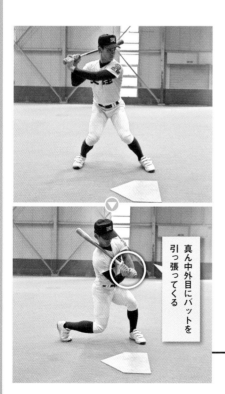

真ん中外目にバットを引っ張ってくる

体が泳いでいても壁ができているから強い打球を打つことができる

速い素振りで ボディバランスを磨く

応用　実戦

目的　トップの位置を体で覚える

速いスイングをすることでトップの位置を覚えることができ、軸足を回す感覚も身につく。軸で回らないと速く振れず、形がよくないと振ってからすぐにトップまで戻すことができない。この練習で適切なボディバランスを体で覚える。

やり方

腰を落としてトップをつくった状態からシャープに速くスイングをして、すぐにバットをトップの位置に戻す。一度にたくさんスイングをすると、惰性になったり、変なところに力が入ってケガをしたりする恐れがあるため、基本的には10スイングで区切る。

腰を落とした状態でトップをつくる

素早くスイングをする

最後までしっかりと振り切る

すぐにトップの位置まで戻す

キーワード
▶ 打撃
▶ 素振り
▶ トップの位置

応用　実戦

歩く素振りで
タイミングをとる

目的　変化球対応の練習

一番の目的はタイミングをゆっくりとってスイングすること。軸足を意識したほうがバランスよく前足を上げたり引いたりしやすくなるので、軸をしっかりと意識する。これでタイミングをしっかりとってスイングをする練習になる。

やり方

普通にフルスイングしたあと、軸足を一歩前に出し、ステップしたときにフルスイングをする。これを何度か繰り返し、歩くような形で素振りを行っていく。

軸を確認してフルスイング

軸足を前に出す

ゆっくりとタイミングをとる

アップ＆キャッチボール

守備練習

打撃練習

走塁練習

投球練習

トレーニング

監督・中村良二の指導法

81

強い打球を打つ
感覚を養う

基本　応用　実戦

目的

ボールを強く叩く

分習法で習得した動きを実際のボールを打ちなが
ら体に覚えさせる。フルスイングでボールを強く
叩いて、実戦でも強い打球を打つ感覚を養う。

やり方

人が下から投げたボールをネットに向かって全力で
打ち込む。基本的に投げ手は横（打者の斜め前）か
ら投げるが、正面から投げる相手投手を意識しなが
ら行おう。

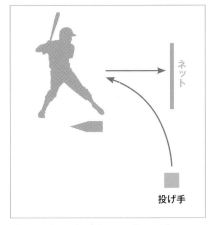

斜め前に立った投げ手からのボールを打つ

とらえた高さで真っすぐに

打球をとらえた高さで真っすぐ飛ばすように意識する。ティー打撃の段階でこすってしまうようでは、投手の投げる速いボールに対してはもっとこすってしまう。インパクトした高さでネットに当てるように強いライナーを打つことを心がけよう。

インパクトした高さに
真っすぐ飛ばす

アップ＆
キャッチボール

守備練習

打撃練習

走塁練習

投球練習

トレーニング

監督・中村良二の指導法

腰を落として素早く連続で打つ

応用　実戦

目的

トップから軸で回るスイングを身につける

トップの位置から軸で回るスイングを、意識しなくてもできるようにする。素早い動きを短い本数で集中して行い、効率のよいスイングを身につけられるようにしよう。

やり方

スピードスイング（P80）と同じ要領でトップをつくって腰を落とした状態からボールを打つ。これを5球繰り返し、数セット行う。

重心を落としてスイングする

スイングしたら、すぐトップの位置に戻す

変化球を突っ込まずに打つ形をつくる

キーワード
▶ 打撃
▶ ティー打撃
▶ 変化球対応

応用　実戦

アップ＆キャッチボール

守備練習

打撃練習

走塁練習

投球練習

トレーニング

監督・中村良二の指導法

目的

変化球対応の練習

ストレート狙いで変化球を投げられると泳がされて目線が下がるので、重心を落として打つことは変化球対応の練習になる。体が開いたり、重心が前に行ったりすると満足なスイングをすることができない。

やり方

最初から重心を落とした状態でトップをつくる。投げ手は通常のティー打撃よりも手前かつ低めにボールを投げ、変化球を想定した打撃ができるようにする。

ポイント

打ち方のコツ

ストレートを打つ感覚だが、変化球は低めに集まりやすいので、低めを意識して、引っかけないようインパクトする。

重心を落とした状態でトップをつくる

手前かつ低めのボールを打つ

キーワード
▶ 打撃
▶ ロングティー
▶ ライナー

基本 **応用** 実戦

ライナーで
遠くに飛ばす

目的　芯を合わせて直角に打つ

ボールの芯とバットの芯をしっかり合わせて直角に打てるようにするのが一番の目的。そうすれば、強いライナーで遠くに打球を飛ばすことができる。止まっているボールに対してしっかり芯でとらえられるようにしよう。

やり方

スタンドティー上に置いたボールを遠くに向かって打つ。ネットでなく、外野に向かってボールを飛ばすことで打球の行方を確認することができる。

ライナーで飛距離を出す

ロングティーは飛距離を伸ばすための練習と認知されており、フライを打つのがよいと思われがちだが、一番よい打球がライナーで、その次がゴロ、もっともよくないのがフライ。正しいスイングで打ち込まないと、ライナーにならず、遠くに飛ばない。フライを OK にすると、バットが下から出るようになり、分習法で習得したスイングと違ったものになるので気をつける。

ボールの芯にバットの芯を合わせる

アップ＆キャッチボール

守備練習

打撃練習

走塁練習

投球練習

トレーニング

蔭徳・中村良二の指導法

ゴロ、ライナー、フライの中で 求められた打球を放つ

目的

求められている打撃を遂行する

これまでのページで紹介してきた打撃練習に比べてより実戦的になる。実際の試合を想定して自分に求められた打撃をできるようにする。

やり方

安全性を確保するために打撃ゲージやネットを必要な箇所に設置して、打撃練習が可能なスペースを複数用意する。そこで投手やマシンが投じたボールを打ち、時間や本数で区切って次の打者に交代する。

意識して打つことが大切

スピードボールや変化球の対応など素振りやティー打撃でつくった自分のフォームを、試行錯誤を繰り返し、理想に近づける。

アップ＆キャッチボール

守備練習

打撃練習

走塁練習

投球練習

トレーニング

監督・中村良二の指導法

打つ打球の割合を示す

天理では打撃ゲージの後ろに表を貼り出し、選手の名前と10球あたりでゴロ、フライ、ライナーを狙って打つ割合を書いている。これは選手の特徴に応じて、私（中村）がこの打球をこれだけの割合で打ってほしいというのを示したものだ。例えばアベレージヒッターであれば、ゴロやライナーの割合が多くなり、長距離ヒッターであれば、フライの割合が多くなる。この割合は定期的に見直され、パワーがついて長距離ヒッターに変わりつつあるなら、フライを狙う割合が多くなる。数字で示すことで指導者と選手の間で目指す打者像が一致して、すれ違いが生まれなくなる。

	ゴロ	ライナー	フライ
A	4	4	2
B	0	7	3
C	3	7	0
D	3	4	3
E	2	6	2

A、D、Eはバランス型、Bはロングヒッター、Cはアベレージヒッター

確実に走者を進められるようにする

キーワード
▶ バント
▶ 送りバント
▶ セーフティバント
▶ プッシュバント
▶ スクイズ

基本 応用 実戦

目的 狙った方向にボールを転がせるようになる

走者を確実に進める戦法であるバントは接戦を勝ち切るために必要不可欠な技術だ。また、相手の意表をついてセーフティバントをすることで自らが生きることもできる。狙った方向にボールを転がすことができるように日々の練習から精度を高める。

やり方

打撃投手やマシンが投じた球をバントする。どこに転がったのかがわかるように打席の位置に合わせてラインを引いておくことが望ましい。

❶送りバント

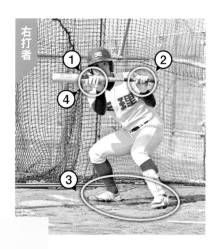

ポイント

バットの芯を外すようにする

①右打者は右手、左打者は左手でバットをコントロールする。

②グリップのほうの手は、バットを長く持つとバットコントロールができず、バスターが難しいので、一握りを目安に余らせる。

③バスターに切り替えたり、体に近いボールをよけたりしやすいように、基本的には後ろ足を出さないで構える。

④上の手はメーカーのロゴマーク辺りに置く。バットの芯を外すようにバントをして打球を弱める。

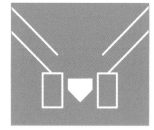

打席位置に合わせてラインを引いておく

三塁側を狙う

①基本的には三塁手に捕らせる。
②ファウルになってもいいからライン際を
　狙う。
③バントをしっかり決めてから一塁に走る。

← ボールの動き

❷セーフティバント

打者もセーフにな
るようにラインを
狙ってバントする。
ファウルになって
もいいからコース
を狙う

ポイント

芯に当てて一塁側に

①投手と一塁手の間を狙う。
②バットの芯に当てる。
③バットに当たる瞬間に軸足を前に出すと、
　コースを狙えて芯に当たりやすい。

❸プッシュバント

左打者

投手前を避けて一、二塁間を狙ってプッシュバントし、投手と野手が譲り合うような打球が理想。そうなると一塁へのカバーも遅れる

右打者

アップ&キャッチボール

守備練習

打撃練習

走塁練習

投球練習

トレーニング

監督・中村良二の指導法

💡 **ポイント**

とにかくフェアゾーンに転がす

①芯を外してバットに当てる。
②まずはフェアゾーンに転がすのが第一なので、転がすコースは問わない。
③内野手と違って投手は投げてからでないとチャージをかけられないので、投手の前に芯を外して転がすと成功率が上がる。

❹スクイズ

弱い当たりで●部分を狙えるといい

実行の機会が少なくても
いざというときに備えて練習しておく

選手の考える力を伸ばして戦う天理野球。公式戦では比較的サインを出すことが少ないが、特にスクイズのサインは滅多に出さない。公式戦で最後にスクイズをしたのは2017年夏の甲子園初戦の大垣日大戦。5対0でリードした8回裏からダメ押し点を奪ったときのことだった。練習試合ではスクイズのサインを出すこともあるが、それでも稀。実行される機会は少なくても、いざというときに備えてバント練習は欠かさない。

左右にゴロを打ち分けて チャンスを広げる

目的

左右にゴロを打ち分けて 成功率を高める

送りバントだと相手にアウトを献上してしまう可能性が高いが、エンドランであれば、打者の当たりが野手の間を抜けるなど、相手にアウトを与えずにチャンスを広げる確率が増す。攻撃の幅を広げるために、左右にゴロを打ち分けて成功率を高める。

やり方

走者が塁上にいる状態で投手が投げた球を打者が打つ。投手が投球したら走者はスタートして、打者は空振りしないようにヒッティングする。打者がゴロで内野の間を抜いていけば走者は先の塁に進め、チャンスを拡大することができる。

ポイント

コースに 逆らわずに打つ

コースに逆らわずにゴロで一二塁間か三遊間を狙う。無理して右打者が内角球をライト方向に打とうとしてもフライになったり、打撃を崩してしまったりする恐れがあるからだ。センター返しでは、セカンドベースに入ってくる野手に捕られる可能性が高い。併殺になることだけは避けて、左右のどちらかに打ち分けるようにしよう。

内角球 三遊間を狙う

外角球 一二塁間を狙う

第4章

走塁練習

1点の攻防を大きく左右するのが走塁。
天理高では走塁に関する細かい決め事がいくつかあります。
この章ではそれを一部公開。
走塁を磨いて1点を取りにいきましょう。

一塁ベースへの走り方を覚える

目的

全力疾走を欠かさない

アウトが確実な当たりでも相手がミスをするかもしれないので、諦めずに全力で駆け抜ける。試合で常に全力疾走ができるように日頃の練習から手を抜かないようにする。

やり方

内野ゴロなどを打ったときに打者が一塁に向かってベースを駆け抜ける。駆け抜けたあと、相手がミスをしていないかを確認し、ボールが逸れているようであれば、二塁に向かって走る。

ポイント

左足で手前を踏む

ベースはなるべく左足で踏む。万が一、相手選手と接触しても右足で支えられるからだ。もし、右足で踏んだときに接触プレーに巻き込まれてしまうと、受け身を取ることができない。また、捻挫を防ぐために一番手前を踏むようにしよう。

ポイント

相手のミスに備える

相手のミスが起きて二塁に進む際に走る距離のロスを防ぐため、ベースを踏んだらそのままライン上を駆け抜ける。相手がミスをして二塁に行けると感じたら、すぐに切り返してスタートを切ろう。

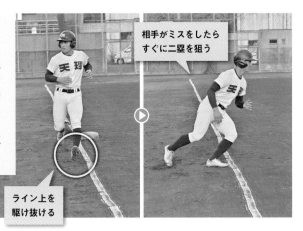

相手がミスをしたらすぐに二塁を狙う

ライン上を駆け抜ける

キーワード
▶ 走塁
▶ ベースランニング
▶ オーバーラン

膨らむように二塁を狙う動きを覚える

基本　応用　実戦

目的

隙があれば二塁を狙う

一塁を回って満足するのではなく、相手が少しでも隙を見せたら二塁を狙う意識を高める。二塁を狙って走り、相手がミスをしなかったら戻るという姿勢でオーバーランをしよう。

やり方

ヒットやエラーで出塁が確実になった場合、膨らむようにして一塁を回り、二塁を伺う。オーバーランをして二塁にいけないと感じたときは相手守備の動きを見ながら一塁に戻る。

ポイント

ベースの内側を踏む

次の塁に向けて切り込みやすいようにベースの内側を踏むようにする。駆け抜け時と違い、踏む足は特に定められていない。打球が飛んだ位置によってオーバーランできる距離は変わってくる。レフトであれば、大きくオーバーランを取れるし、一塁から近いライト前なら距離を短くせざるを得ない。

膨らみながら走る

ベースの内側を踏む

二塁を狙いながらオーバーランする

右側欄外：アップ&キャッチボール　守備練習　打撃練習　走塁練習　投球練習　トレーニング　監督・中村良二の指導法

スムーズに戻れる
リードの感覚を覚える

基本　応用　実戦

目的

確実に戻れるリードをする

牽制球でアウトになると、せっかくのチャンスを潰してしまう。どのタイミングで牽制球を投げられても確実に戻れるようなリードのとり方を心がける。

やり方

塁に出たら離塁して投手の牽制に注意しながらリードをとる。投手が本塁に投げたら第二リードをとるかスタートを切り、牽制してきた場合には素早く帰塁する。

右足で1歩目を踏み出す

ポイント

いつ投げられても戻れるリード

リードは右足→左足→右足→左足→右足の順でとる。この順番で足を出すことで、どのタイミングで牽制球を投げられてもスムーズに帰塁をすることができる。さらにリードが完了したあと、投手がセットポジションに入ったら、もう半歩リードをとる。

クロスしながら左足で2歩目

右足で3歩目

クロスしながら
左足で4歩目

右足で5歩目を踏み出し、
さらに半歩リードして完了

アップ＆
キャッチボール

守備練習

打撃練習

走塁練習

投球練習

トレーニング

監督・中村良二の指導法

1歩＋ヘッドスライディングで戻れる距離

先述の通りにリードをとると、1歩＋ヘッドスライディングでちょうどベースに戻れる距離になる。この感覚を早くつかむことができれば、足元を見なくても適切なリード幅をとることができる。

1歩を出し

ヘッドスライディングで戻れる

99

1歩目が出やすい足の位置を覚える

基本 応用 実戦

目的

盗塁の成功率を上げる

盗塁を決めるためにはスタートが大事になる。投手が投げるタイミングを見計らうのはもちろん、1歩目を出しやすくするための工夫をして盗塁の成功率を上げる。

やり方

リードをとった状態から相手投手が打者に向かって投げるタイミングを計って、スタートを切る。

左足はライン上に

盗塁のタイムロスをなくすために左足をベースのライン上の位置に置き、左足が出やすいように右足のヒザを少し開き、つま先を外側に向ける。こうすることで左足がスムーズに出て、よいスタートが切れるようになる。

右足のヒザを開き、つま先を外側に向ける

左足をベースのライン上に置く

タッチしづらいところに戻る

左足がベースのライン上にあることは牽制球で帰塁するときにもプラスに働く。この状態でヘッドスライディングで帰塁すると、ベースの奥側に手が触れることになり、相手野手がタッチしづらくなる。

帰塁時はベースの奥側に触塁する

基本　応用　実戦

足を横にして滑り込む

目的

減速せずにベースに到達

スライディングで減速すると、際どいタイミングでアウトになってしまう。スピードを殺さずにスライディングをして、セーフを勝ち取る。

やり方

走塁で際どいタイミングになったときなどにスライディングをして勢いを殺さずにベースに到達する。基本的にはやりやすいほうの足でやって構わないが、両足でできるなら、なおよし。スライディングしたらすぐに立ち上がり、ボールの行方を確認して、ボールが逸れていたら、次の塁に向かって走る。

足を横にしてスライディングする

ポイント

相手にケガをさせない

相手にケガをさせないよう、スパイクの歯を上げるスライディングをしないこと。なるべく足は横にして安全なスライディングを心がけよう。

スライディングしたらすぐに立ち上がる

✕ NG

スパイクの歯を上げてスライディングする

アップ＆キャッチボール

守備練習

打撃練習

走塁練習

投球練習

トレーニング

監督・中村良二の指導法

キーワード
▶ 走塁
▶ ベースランニング
▶ 第二リード

基本 応用 実戦

適切な距離感で
リードを広げる

目的　投球後にリードを広げる

打者が打ったときに少しでも先の塁を狙えるように投手の投球後にリードを広げよう。ただ、出すぎてしまうと、打者が空振りしたり見送ったりしたときに捕手からの牽制球でアウトになってしまうので、適切な距離感をつかめるようにする。

やり方

投手が打者に向かって投球したら、シャッフル（両足で跳ねるように次の塁に進む仕草）をしながらリードを広げる。その状態で打者の打撃結果を確認して、進むのか戻るのかを判断する。

左足を引きつける
ワンステップ目

ツーステップ目の
右足で判断する

ゴーと判断したら
スタートを切る

バックと判断し
たら切り返す

アップ＆
キャッチボール

守備練習

打撃練習

走塁練習

投球練習

トレーニング

監督・中村良二の指導法

ポイント

ツーステップ目の
右足で判断

シャッフルするときにできるだけ目線を上下にぶらさないようにする。重要なのはツーステップ目の右足。この足で出るときに走るのかブレーキして戻るのかを判断する。

103

回れか、止まれか
適切な指示を出す

目的

走者の目の代わりとなる

三塁から本塁を狙う走者は打球が見えないため、ランナーコーチの判断が得点を大きく左右することになる。アウトカウントや走者の走力、次打者の打力を考慮して、わかりやすく適切な指示を出せるようにする。

やり方

打球が飛んだ場所と走者の走力に応じて走者に合図を送り、回す、止める、スライディングなどの指示を出す。判断能力が高く、ベンチからの指示を的確に伝えられる選手が任されることが多い。

❶回れの場合

回すときは
何もしない

❷止まってからゴーの場合

声とジェスチャーで指示

❸ベースでスタンディングストップの場合

両手で止める

❹ベースを回ってからストップする場合

片手で止める

アップ＆
キャッチボール

守備練習

打撃練習

走塁練習

投球練習

トレーニング

監督・中村良二の指導法

💡 **ポイント**

「回れ」のときは
何もしない

一般的に回すときは三塁ランナーコーチが腕をグルグル回すが、天理では何もジェスチャーしないことが「回れ」の合図となる。余計な動きをしないほうがランナーコーチも走者もわかりやすいという考え。筆者の中村が天理大でコーチをしていたときにもこれを実践していた。どちらか迷ったときに中途半端に腕を回すと、走者も迷ってしまう。そこで止まったほうがよいと判断したときに「止まれ」の合図を出すだけに統一したほうが走者もわかりやすくなる。一度、止まったあとに「ゴー」のサインを出す場合は声とジェスチャーで指示を送る。

❺スライディングさせる場合

両手を上下させてスライディングの合図を送る

❻2人の走者を止めたい場合

右手で前の走者を止める

左手で後ろの走者を止める

❼前の走者を回し、後ろの走者を止めたい場合

右手は出さず、回せの合図をする

左手で後ろの走者を止める

💡 ポイント

両手で2人に指示を出す

走者一、二塁でヒットが出たときなど、2人の走者の指示を出さないといけない場合は右手で前の走者（二塁走者）、左手で後ろの走者（一塁走者）に指示を出す。例えば、走者一、二塁で二塁走者が回れ、一塁走者が二塁ストップの場合は左手だけを出すといった具合だ。

第5章

投球練習

高校野球で勝敗に大きくかかわるのが投手力。
近年では球数制限の影響もあり、
複数投手を育成することが求められています。
この章では天理高の投手育成法を紹介します。

相手の胸に投げる
制球力を養う

基本　応用　実戦

目的

狙ったところに投げられるようにする

投手の基本はキャッチボール。狙ったところに投げられる能力は投手に必須のものだが、その基礎はキャッチボールで養う。実際の投球に近いフォームで相手の胸に投げられるようにする。

やり方

2人一組でボールを投げ合う。野手のキャッチボールと同じように近い距離から少しずつ離れていき、肩を温める。野手のように捕ってからすぐに送球をイメージする必要はないが、その分、実際の投球をイメージしながらボールを投げていく。

自分のフォームを
維持して投げる

ポイント

狙ったところに投げるには

いきなり距離を延ばすとフォームを崩し、コントロールが乱れるので、近い距離で自分のフォームを維持したまま少しずつ距離を延ばしていく。

利き腕の対角線上の
胸を狙う

右投げなら相手の右胸、左投手
なら相手の左胸を狙って投げる。
そうすることでより指にかかっ
たボールになりやすい。まずは
胸にスピンの利いたボールを投
げられるようにして、それがで
きたら対角線上に狙って投げれ
ばより練習になる。

左投手なら相手
の左胸を狙う

右投手は相手の右
胸を狙って投げる

リリースを意識して投げる

ポイント

遠くに投げて肩を強化する

キーワード
▶ 投手
▶ キャッチボール
▶ 遠投
▶ 肩の強化

基本 応用 実戦

目的

肩の強化

遠くに強いボールを投げることで肩の強化につなげる。最近では遠投をしないプロ野球選手もいるが、天理では遠投を推奨している。ただ遠くに投げるだけでなく、肩を強化するという意識を持って取り組もう。

やり方

2人一組でキャッチボールをして、徐々に距離を延ばす。助走をつけて全力で投げて相手に届くかどうかの距離まで離れてキャッチボールを行う。

回転のいい球を投げる

ポイント

回転を意識して投げる

遠投ではとにかく遠くに投げるためにボールの角度を上げるときもあれば、外野手のバックホームのようにライナー性の軌道で投球するときもある。遠投のときも、回転のいい球を投げることが大事。ただ遠くに投げるだけでなく、ボールの質を意識しながら投げるようにしよう。

ポイント

遠投で回転のいい球を 投げるために

遠投は全身の筋肉を連動させて投げるが、バランスを保ち最適なリリースポイントを見つけることが重要だ。

最適なリリースポイントを見つける

助走をつけて投げる

ボールの質を意識して投げる

アップ&キャッチボール

守備練習

打撃練習

走塁練習

投球練習

トレーニング

監督・中村良二の指導法

111

座った受け手に
スピンを利かせて投げる

目的

球筋のいい球を投げる

主な目的は肩の強化と球筋の確認。マウンドからホームベース間の18.44メートルより5〜10メートルほど離れた距離でも垂れないボールを投げることができれば、いい球筋のストレートを投げることができている証拠だ。

やり方

2人一組になって投げ手が受け手に投げ込む。遠投のあとに25〜30メートルの距離で実戦に近い力感で投球する。受け手は捕手のように座って捕球する。投げ手はマウンドから投げるような感覚で受け手に向かってボールを投げる。

受け手は座って捕球する

ポイント

18.44メートルを
意識して投げる

投げる距離はマウンドからホームベース間の約5〜10メートル増だが、18.44メートルの延長線上を意識して投げる。長い距離でもボールが落ちないようにスピンを利かせて投げることができれば、実戦でも十分に通用するストレートを投げられるようになる。

18.44メートルの延長
線上を意識して投げる

アップ＆
キャッチボール

守備練習

打撃練習

走塁練習

投球練習

トレーニング

監督・中村良二の指導法

傾斜を使って
うまく体重移動する

目的

傾斜を使って投げるための確認作業

平坦な場所でのキャッチボールから傾斜のあるブルペンに入るので、傾斜を使った中でどう投げていけるのかという確認作業になってくる。そこでキャッチボールと同じように投げられるのか、違うのかというのを見極めるようにしよう。

やり方

ブルペンに入り、捕手を立たせた状態でボールを投げ込む。平地で投げるキャッチボールとは違い、傾斜のあるマウンドから投げるので、傾斜の感覚をつかむようにしよう。

捕手を立たせて投げる

傾斜をうまく使う

アップ＆キャッチボール

守備練習

打撃練習

走塁練習

投球練習

トレーニング

監督・中村良二の指導法

頭が突っ込まないようにする

傾斜のあるマウンドで投げる際、体重移動のときに頭が突っ込んでしまうと制球が定まらず、いいボールを投げることができない。軸足に重心を残した状態から体重移動をして、前足にうまく力を伝えていけるようにしよう。

OK

軸足に重心を残したところから前足にうまく力を伝える

NG

頭が突っ込む

座っている捕手に 試合をイメージして投げる

応用　実戦

目的

試合と同じ状態で投げる

座っている状態の捕手にマウンドからボールを投げるのは試合と同じ。実際の試合をイメージしながら自分のボールを投げられるようにする。

やり方

立ち投げをある程度行ったあと、捕手を座らせて試合と同じような感覚でボールを投げ込む。ストレートだけのときもあれば、変化球を織り交ぜるときもある。

捕手は座っている

試合を意識して投げる

キャッチャーが構えたミットを目掛けて投げる。自分のフォームで投げることは大事だが、試合をイメージしてキャッチャーミットに集中して投げ込んでいく。フォームはキャッチボールや立ち投げまでに確認しておくことが大切。立ち投げに比べて投げる目標の位置が低くなるため、リリースポイントも変わってくる。目標地点が変わると体の使い方も変わるので、その感覚をつかめるようにしよう。

**捕手が
立っているとき**

リリースポイントは高め

**捕手が
座っているとき**

リリースポイントは低め

盗塁をさせない投球をする

キーワード
▶ 投手
▶ セットポジション
▶ 牽制球
▶ クイックモーション
▶ 盗塁阻止

応用 **実戦**

目的

相手の盗塁を阻止する

盗塁阻止はバッテリーでの共同作業。セットポジションで牽制球を投げられる状態をつくり、本塁に投げるときも速いモーションで相手の盗塁を防ぐようにする。

やり方

走者がいるときにプレートを踏み、ボールを両手で体の前に保って静止した状態からボールを投げる。投球するときには通常時よりも速い動作で投球する。

右投手

通常時よりも足を上げずに投げる

ポイント

1.2秒以内でキャッチャーに投げる

盗塁を防ぐため、モーションに入ってからキャッチャーミットに届くまでの時間は1.2秒以内が理想。だが、クイックモーションになると捕手の方向への体重移動が早くなってしまうため、頭が突っ込んで手が出てくるのが遅れて制球を乱す恐れがある。手が遅れて出てしまわないようにクイックモーションのときは意識を持って取り組もう。制球に不安がある場合は1.25秒でも許容範囲だ。

左投手

アップ＆キャッチボール

守備練習

打撃練習

走塁練習

投球練習

トレーニング

監督・中村良二の指導法

右投手と同じ要領でクイックモーションで投げる

足を上げて目で牽制

左投手の場合は一塁走者が見えるため必ずしもクイックモーションで投げる必要がない。

走者を目で牽制した状態で足を上げる

プレートを外して
回転する動きを身につける

応用 **実戦**

目的

相手の盗塁を防ぐ

牽制球を投げてこないと相手に感づかれると簡単に盗塁を許してしまう。牽制球を織り交ぜることで走者に警戒感を与えて、簡単にスタートを切らせないようにする。

やり方

ボークを取られないように気をつけながら走者のいる塁に向かってボールを投げる。走者の盗塁を防ぐために様子を見る意図で行うこともあれば、サインプレーでアウトを取りにいく牽制球もある。

❶右投手の一塁牽制

プレートを小さく外して投げる

ポイント

必ずプレートを外して投げる

プレートを外さないでする牽制球もあるが、外さないで偽投をしてしまうとボークになる。天理では必ずプレートを外して牽制球を投げるのが基本。右足が外しきれていないとボークになってしまうが、大きく外しすぎると走者がすぐにわかってしまうため、ボークを取られないように小さく外して速い牽制ができるように練習している。

アップ＆
キャッチボール

守備練習

打撃練習

走塁練習

投球練習

トレーニング

監督・中村良二の指導法

アドバイス

間合いを意識する

盗塁を防ぐためには同じリズムで投げないことも大切。セットポジションに入ってからあえて長く持つなど、さまざまな間合いで投げることも試合では大切になる。

❷右投手の二塁牽制

プレートを小さく外して投げる

ポイント

プレートを外して反時計回りで

二塁牽制はプレートを外さずに時計回りに投げる方法とプレートを外して反時計回りに投げる方法がある。サインプレーでアウトを狙うときはプレートを外して反時計回りで投げることが多い。ここでも一塁と同じようにプレートをきちんと外しながらも素早い回転で牽制球を投げるようにしよう。

❸ 左投手の一塁牽制

目で牽制しながら足を上げてどちらに投げるかわからないようにする。プレートの後縁（赤いラインの位置）を上げた足が越えるとボークになるので注意

右足を一塁方向に踏み出して投げる

ギリギリを攻める

左投手は一塁走者が見えているため、目で牽制をすることができる。右足は一塁方向に直接踏み出すことができるが、プレートの後縁を越えた場合は本塁に投げないとボークになってしまうので注意が必要だ。足が入りすぎないギリギリのラインを攻めて相手走者を惑わせるようにしよう。

✖ NG

右足が本塁に向く

右足が一塁に向いていない状態で牽制球を投げようとするとボークを取られてしまう。写真のように完全に右足が本塁に向いている状態で牽制球を投げるのは NG だ。

右足が完全に本塁に向いているとボークになる

👆 アドバイス

目線、首の動き

目線や首の動きでランナーを牽制することもできる。ランナーからどのように見えているのか意識して自分のバリエーションを増やす。

❹左投手の二塁牽制

💡 ポイント

状況に応じて使い分ける

右投手と同じように二塁牽制のやり方は2種類ある。ここは左右で大きな変化は特にない。プレートを外さずに反時計回りに投げる方法とプレートを外して時計回りに投げる方法、状況に応じて牽制のやり方を使い分けよう。

状況を考えながら自分の投球をする

目的

実戦練習で状況を考えながら投げる

試合形式の練習で投げることで多くの人から見られる中で登板することの免疫をつける。また、実戦練習ではブルペンと違って走者や相手打者、アウトカウントなどさまざまな状況を考えなければならない。その中でも自分の投球ができるかがポイントとなる。

やり方

シート打撃など実戦形式の練習で打者を相手に投げる。ブルペンで投げた成果を試しながら実際の試合に向けての課題を見つけよう。

腕を振って投げることはブルペンと同じ

💡 ポイント

相手打者の反応を見る

指導者が見ているポイントは打者の反応。ブルペンではいい球を投げていても打者が易々と打ち返すこともあれば、その逆もある。相手打者の反応を見ながら投球術を磨いていこう。レギュラークラスの選手に対して好投することができれば、次の練習試合などで起用されることにつながってくる。

自分に合った握り方を探す

目的

複数の球種で相手を抑える

現代の高校野球では少ない球種で相手打線を抑えきることは難しく、天理の投手陣はおおよそ3球種前後の変化球を操っている。何を投げ、どんな投げ方をするかは人によってやりやすさが違うので、指導者は基本的に触らない。自分の投球に幅を持たせるために自分で可能性を広げていく。

やり方

試合で投げたい球種をキャッチボールやブルペンで投げながら試す。同じ変化球でも握り方は人それぞれなので、キャッチボールで自分に合った握り方を探していく。

❶ストレートの握り

正面から

人さし指・中指・親指・薬指を縫い目にかける

横から

ポイント

力が入らない握り方を意識する

最も基本的な球種。変化はせずに真っすぐの軌道を描き、球速が出やすい。人さし指・中指・親指・薬指を縫い目にかけ、人さし指と中指の隙間は指一本分くらい空ける。写真のモデルの選手は真っすぐに指から離したら、真っすぐ回転するようにできるだけ力が入らない握り方を意識しているという。

ストレートの軌道

❷スライダー

A選手（右投げ）の握り方

B選手（左投げ）の握り方

ポイント

無理に曲げようとしない

スライダーは人さし指と中指で回転をかけて利き腕と逆方向に曲がったり落ちたりする球種。近年の野球界では多くの投手が使っている。握り方は人それぞれで、モデルとなった2人でも縫い目をかける場所が違っていた。無理に曲げようとはせず、普通に握った状態で自然に曲がるようになるのが理想だ。

スライダーの軌道

❸カーブ

A選手（右投げ）の握り方

人さし指を浮かせる

B選手（左投げ）の握り方

人さし指と中指
をつけている

 ポイント

手首をひねるように投げる

カーブは比較的球速が遅い変化球で利き腕と反対の方向に
曲がりながら落ちる。カウント球や打者のタイミングを外
す球として有効となる。手首をひねるようにして投げるの
がポイントだ。スライダーと同様に人さし指と中指をくっ
つけるのが基本だが、A選手のように人さし指を浮かす選
手もいる。

カーブの軌道

❹フォーク

A選手（右投げ）の握り方

挟むようにして握る

アドバイス

キャッチボールで
試してみる

変化球の握り方に正解はない。
キャッチボールのときなどに遊
び感覚でさまざまな握りを試し
てみることが大切。

ポイント

手首を固定して
上から投げ下ろす

フォークは人さし指と中指で挟むように握り、打者の
手元で落ちるボール。浅い握りで球速が速いボールを
スプリットと呼ぶこともある。決め球として空振りを
欲しいときや内野ゴロを打たせたいときに使うことが
多い。手首を真っすぐにした状態で固定して上から投
げ下ろすのがコツだ。

フォークの軌道

アップ＆キャッチボール

守備練習

打撃練習

走塁練習

投球練習

トレーニング

監督・中村良二の指導法

❺チェンジアップ

B選手（左投げ）の握り方 ≫ 正面から

B選手（左投げ）の握り方 ≫ 横から

親指と人さし指で丸をつくるように握る

指先で回転を落とす

チェンジアップはストレートと同じ腕の振りで投げる変化球。球速がやや遅く打者の手元で沈むため、打者のタイミングを外すことができる。親指と人さし指で丸をつくるように握り、指先で回転をかけて落としていく。チェンジアップを投げるB選手はカウント球は浅めに落として、決め球は深めに落とすなど、場面に応じて投げ分けているという。

チェンジアップの軌道

投球したら捕球体勢をとる

目的

9人目の野手として守る

投手は「9人目の野手」といわれるように、ただ投げるだけでなく、守備力も必要なポジションだ。また、ピッチャーライナーを顔面などに受けてしまうと非常に危険。自分の身を守るためにも投げ終わったあとに油断せず、しっかり守れるようにする。

やり方

投球をしたあと、自分のところに打球が飛んできてもいいように捕球体勢をとって打球の行方を見守る。打球が飛んで来たらボールに反応してボール捕球。状況によっては投げるべき塁に送球する。

投げ終わったら
捕球体勢に入る

投げたあとに体が流れる

投げ終わったあとの体勢でよくないのは、右投手は一塁側、左投手は三塁側に体が流れてしまうこと。この状態だと打球への反応が遅れて、ピッチャー正面の打球を捕ることが難しくなる。

捕球体勢に入らず
体が流れている

アップ＆
キャッチボール

守備練習

打撃練習

走塁練習

投球練習

トレーニング

監督・中村良二の指導法

ベースの後ろの
構える位置を覚える

目的

無駄な進塁を防ぐ

カバーリングを怠ると無駄な進塁を許してしまうことになる。自身の投球を必要以上に苦しめないようにするためにも普段のノックからカバーリングの入り方を体に染み込ませて、実戦では怠らないようにする。

やり方

ヒットや外野フライを打たれた際に野手が送球するベースの後ろに走ってカバーリングの体勢に入る。ボールが逸れてきたらカバーの位置から捕りにいって余計な進塁を防ぐようにしよう。

本塁のベースカバー

なるべく後ろでカバーに入る

ポイント

後ろからカバーに入る

ベースカバーはなるべく後ろで待機する。ベースに入った選手のグラブをはじいてカバーに入った投手の頭の上を越えてしまったら意味がないからだ。後ろからカバーに入って、送球が転がった位置に向かって走っていこう。

三塁のベースカバー＜ライト方向からの送球＞

なるべく後ろでカバーに入る

三塁のベースカバー＜センター、レフト方向からの送球＞

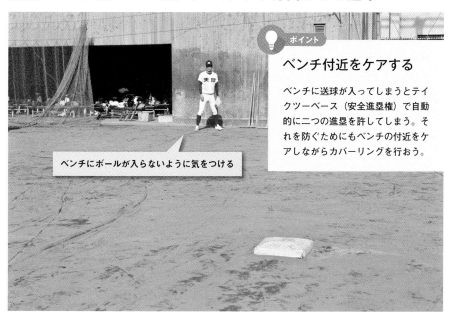

ベンチにボールが入らないように気をつける

ポイント

ベンチ付近をケアする

ベンチに送球が入ってしまうとテイクツーベース（安全進塁権）で自動的に二つの進塁を許してしまう。それを防ぐためにもベンチの付近をケアしながらカバーリングを行おう。

アップ＆キャッチボール

守備練習

打撃練習

走塁練習

投球練習

トレーニング

監督・中村良二の指導法

肩まわりの筋肉をほぐす

基本　応用　実戦

目的

故障の防止

故障を防ぐために肩や肘のケアは大事。天理では投球前に棒体操を行って、肩まわりのストレッチを行っている。体のコンディションを万全にしてから投球練習に入るようにしよう。

やり方

投球練習の前に「棒体操」と呼ばれる、棒を使ったストレッチを行う。両手で棒を持ちながらさまざまな方向に動かして肩まわりの筋肉をほぐしていく。

背中側で棒を持ち、肩甲骨まわりを刺激する

両腕を上げて、肩まわりを動かす

アップ&
キャッチボール

守備練習

打撃練習

走塁練習

投球練習

トレーニング

監督・中村良二の指導法

天理の球数管理

現在の高校野球では1週間で500球以内の球数制限が定められている。それを基準に天理では立ち投げを含めて1週間で500球を目安に投げるようにしており、どれだけ投げたかを毎日チェックしている。また、シーズンが始まる前の2月には600球以上投げる週を2週設けており、150球以上投げる日を週に1、2日つくっている。球数制限ルールの範囲内で球数をしっかり投げられる投手を目指して練習している。

タオルを使って
フォームを固める

基本 応用 実戦

目的

投球フォームを固める

シャドーピッチングは投球フォームを固めるために行う。自分の課題としているところを意識しながら理想の投球フォームに近づけていこう。

やり方

タオルを持って実際の投球フォームを再現しながら腕を振る。平坦な場所で行うイメージがあるが、フォームを固めるためにはマウンドの感覚が大事になるため、可能であればブルペンで行っている。

❶基本のシャドーピッチング

タオルを持って
実際の投球をイ
メージする

アップ＆キャッチボール

守備練習

打撃練習

走塁練習

投球練習

トレーニング

監督・中村良二の指導法

下半身の動きを意識する

普通のシャドーピッチングに加えて下半身の体重移動に特化したシャドーピッチングを行うこともある。これがうまくできないと、ピッチングでも体重移動がうまくいかない。下半身の連動性を意識して、実際の投球につなげよう。

腕をしっかり振ることを意識する

シャドーピッチングで、しっかりと腕を振る中でフォームを意識する。シャドーピッチングでできないことは、ボールを持つと絶対にできない。

❷体重移動を意識したシャドーピッチング

前足に体重を移動していく

下半身の体重移動とともに上半身を回転させる

低反発バットの導入について

2024年から高校野球では低反発バットが導入されることになりました。練習試合で何度か試したことがありますが、やはり飛ばないです。10メートルくらいは違うでしょうか。外野を抜けると思った当たりが外野フライになったり、本塁打になりそうな打球がフェンスギリギリで捕られたりしました。

木製バットを使ったほうがいいという意見もありますが、私は高校生の技術を考慮したら金属バットのほうがいいと思っています。金属バットは詰まっても折れないからです。木製バットは折れる可能性があり、破片が飛ぶと危険です。

低反発バットでも打てるようになるには、素振りで自分の形をつくることです。やる気があり、数をこなすことができれば、しっかりとしたスイングはつくることができると思います。

今後は公立か私立かというよりも、練習量が多くトレーニングが十分にできるチームと、そうでないチームで差が出てくるのではないでしょうか。これまで以上に点が入りにくくなるので、練習内容も守備の割合が増えたり、打撃の中でもバントの割合が増えたりするかもしれません。

周囲から天理高校は打のチームだといわれることもありますが、私はバランスのいいチームをつくりたいと考えてきました。年によってチームカラーは違うので、それに合わせたチームをつくることを心がけています。

ただ、野球は点を取らないと勝てないスポーツです。私はどの年も、打つほうには力を入れています。バットが変わっても、今まで通りに打って点を取る野球をすることが理想だと思います。

天理高校の打撃練習は基本的には金属バットを使用。2024年以降は低反発バットでの練習も視野に入れている

第6章

トレーニング

高校野球を勝ち抜くには体づくりも大切。
天理高ではフィジカル強化を目的とした
独自のトレーニングがたくさんあります。
この章では天理高のトレーニングを紹介します。

一瞬で力を出せるようにする

キーワード
▶ ウエイトトレーニング
▶ スクワット
▶ 下半身強化

回数
40〜80kg 8回×4セット

目的

下半身の爆発力と瞬発力の強化

スクワットをしながらジャンプをすることでハムストリングス（太もも裏の筋肉）を中心に下半身の爆発力や瞬発力を鍛える。一瞬で力を出せるようにする。

やり方

重りを担いだ状態でスクワットの体勢に入り、そこからジャンプをする。腰を落とすときは膝の角度を 90 度くらいにしてしっかりと腰を低く落とし、ジャンプをするときはかかとがお尻につくくらい高く跳ぶ。

ポイント

膝を前に出さない

しゃがむときは椅子に座るような感覚で腰を落とすのがポイント。膝が前に出ないように注意しよう。

膝の角度を約90度にして、腰を低く落とす

アップ&
キャッチボール

守備練習

打撃練習

走塁練習

投球練習

トレーニング

監督・中村良二の指導法

目的を意識する

すべてのトレーニングに当てはまるが、トレーニングが強い負荷でできるようになることが目的ではない。野球のプレーにつなげ、パフォーマンスを上げることが目的である。

かかとがお尻につきそうなくらい高く跳ぶ

キーワード
▶ トレーニング
▶ 投手
▶ 胸郭

回数
5回×7セット

投球フォームに柔軟性を持たせる

目的

胸郭の可動域を広げる

これは主に投手が行うトレーニング。投球動作では胸を張るときに胸郭が重要となる。このトレーニングをすることで胸郭の可動域を広げ、投球フォームに柔軟性を持たせることができる。

やり方

フェンスにもたれかかり、手すりに手をかけて座った状態でスタートする。そこから腰を上げ、ブリッジの体勢をとる。上げきったら、腰を元の位置に戻し、同じ動きを繰り返す。

ポイント

腹筋も鍛える

腰を上げるときに腹筋を使って上げるので、腹筋のトレーニングにもなる。

アップ＆
キャッチボール

守備練習

打撃練習

走塁練習

投球練習

トレーニング

監督・中村良二の指導法

ポイント

腕、足の位置で
負荷を変える

腕の位置を下げる、足の
位置を近づけることで、
より体を反らすことがで
きる。

ブリッジの体勢で
大きく反り返る

不安定な重りを背負って ランジで体幹を鍛える

距離
左右各15回×3セット

❶右足を前にして行う

計50キロの重りを担ぐ

20キロ

補助の選手が
後ろにつく

15キロ

15キロ

ポイント

重りを同時に 着地させる

バランスを保てていない と、重りが左右同時につ かず、スムーズにランジ の運動を行うことができ ない。体が傾くことなく、 背筋を真っすぐにした状 態で腰を落とし、テンポ よく15回をやり切れる ようにしよう。

バランスを保っ
て腰を落とす

アップ＆
キャッチボール

守備練習

打撃練習

走塁練習

投球練習

トレーニング

監督・中村良二の指導法

バランスを保って体幹を鍛える

ゴムに垂らされた重りがバインバインとはずむことから
BB スクワットと呼ばれている。通常よりバランスが保
ちづらい状態でランジ（股関節や膝関節の曲げ伸ばしを
するトレーニング）を行い体幹を鍛えることができる。

ゴムに垂らした重り（左右各 15 キロ）
をのせたシャフト（20 キロ）を持った
状態で後ろ足を台の上に置き、ランジの
形をつくる。重りが崩れないようにバラ
ンスを保ちながらランジを行い、体幹を
鍛える。万が一、バランスが崩れたとき
に備えて後ろに補助の人がつく。

❷左足を前にして行う

重りが同時に着地するようにする

重りを持って体をねじり背筋を鍛える

キーワード
▶ 体幹トレーニング
▶ ウエイトトレーニング
▶ 背中

回数
15往復×3セット

目的

背中を鍛える

体幹強化メニューの一つ。重りを持ちながら体をねじることで背中や脇の後ろの部分を鍛えることができる。

やり方

シャフトの上部に 15 ～ 25 キロの重りをセットする。それを、バットを持つときと同じように右打者は右手を上（左打者は逆）にして持つ。肩幅より足を少し広めにして立った状態で、肘を伸ばしたままシャフトを左右に回していく。

バットと同じように持つ

ポイント

半円を描くように

疲れてくると腕が曲がり、腕の力で上げようとするので、シャフトを体から離し、大きく半円を描くようにするとよい。

補助の人は正面に立つ

足を肩幅より少し広めにしてシャフトが正面にある状態でスタート

アップ＆キャッチボール

守備練習

打撃練習

走塁練習

投球練習

トレーニング

監督・中村良二の指導法

147

腕の筋肉を鍛えて スイングスピードを上げる

キーワード
▶ ウエイトトレーニング
▶ 上半身
▶ 筋力

回数
①20回　②左右各20回
③10回
①〜③を5セット

目的

上半身のトレーニング

3種目とも腕の筋肉を鍛えるトレーニング。これを継続して行うことでスイングスピードの強化につながる。

やり方

シャフトやダンベルを用いた3種類の筋力トレーニングを行い、上半身の筋肉を鍛える。重点的に体づくりを行う冬場にはこれを5セット実施する。

❶上腕二頭筋を鍛える

20キロのシャフトを両手で持ち、姿勢を正した状態でスタート。肘を支点に90度の角度まで持ち上げる。これを20回行う。

姿勢を正して
90度の角度ま
で持ち上げる

❷肩まわりの筋肉を鍛える

20キロのダンベルを両手に持ち、目線を前に向けて左右交互に20回ずつ上げる。前傾姿勢になったり、肩を揺らしたりするのはNGだ。

左右交互に持ち上げる

❸上腕三頭筋を鍛える

7.5キロのダンベルを両手に持ち、頭を落とした状態から手を伸ばしてダンベルを上げて上腕三頭筋（二の腕の裏側）を鍛える。これを10回行う。

手を伸ばしてダンベルを持ち上げる

3種のスキップで股関節を鍛える

キーワード
▶ トレーニング
▶ 股関節
▶ 走力向上

回数
各40メートル×8本

❶Aスキップ

片足を上げて着地するときに両足を揃える。着地したら逆の足を上げるという動きを繰り返す。つま先を真っすぐに上げることを心がけよう。

反対の足を上げる

❷Bスキップ

Aスキップと同じように足を上げたあと、自転車を漕ぐように足を前に蹴り出す。着地したらAスキップと同じように両足を揃える。足をしっかり上げてから蹴ることを意識しよう。

足を速くする

股関節を鍛えて足を速くすることを目的としたトレーニング。足をしっかり上げて股関節を意識しながら取り組む。

Aスキップ、Bスキップ、Cスキップと3種類のスキップを40メートルの長さで8本ずつ行う。

両足を揃えて着地する

足を大きく上げる

足を前に蹴り出す

ポイント

自転車を漕ぐように足を上げる

疲れてくると足が上がらなくなったり、つま先から上げてしまったりするので、そのようなときは太ももから上げて、そこから足を自転車を漕ぐように前に蹴り出す。

❸Cスキップ

Bスキップをして着地したあと、前に上げた足を今度は横に上げて蹴り出す。左足前→左足横→右足前→右足横の順で片足を上げて進んでいく。こちらは右足と左足をそれぞれ4本ずつ行う。

足を横に蹴り出す

ポイント

冬場に重点的に

フィジカルトレーニングは年間を通じて行っているが、特に12月〜2月の冬場には、1日1時間程度取り組むなど重点的に体づくりに励んでいる。

第7章

監督・中村良二の指導法

最後の章では、高校時代に主将として
全国制覇を果たし、プロの世界を歩んできた筆者が、
指導方針やチームづくり、
自身の経験を踏まえた育成法を伝えます。

天理高校野球部の特色

天理高校がどんな学校か、野球部の特色でもある、
心の持ち方とともにご紹介。

CHECK 01 天理教の教えを学ぶ

天理高校は奈良県天理市にある私立高校で、約1200人の生徒が学んでいます。生徒の7割が天理教の信仰のある家庭の子です。

学校では週に2回、天理教の教えに関する授業があります。教えの目的である「陽気ぐらし」という生き方を学びます。陽気ぐらしとは生きている喜びを感じながら、私たち人間が互いに尊重し合い、助け合って暮らす、慎みある生き方です。

朝には本部の神殿で、全校生徒でおつとめ（お祈り）をしてから学校に行くのが決まりとなっています。そこでは一日のお願いや、元気でいられることのお礼を行います。

また、明治時代に教祖がお姿をお隠しになられた14時には、本部に向かって礼拝します。練習中であっても、そのために練習をストップします。

練習開始時、14時、練習終了時に感謝の心を持って、礼拝をする

アップ＆キャッチボール

守備練習

打撃練習

走塁練習

投球練習

トレーニング

監督・中村良二の指導法

CHECK **02** | 相手を思いやる心がプレーにもつながる

野球部員の9割は天理教を信仰していない家庭の子です。入学時は尖っている部分があったとしても、ともに学ぶ友人を見たり、授業で天理教について学んだりする中で、人に喜んでもらうことを自分もやってみようという空気感になってくるのです。そうしたものは学年を経るごとにしみついていきます。

相手を思いやる心がプレーにもつながってきていると思います。

CHECK **03** | 勉強も頑張る

天理高校は野球強豪校のイメージを持たれているかもしれませんが、野球だけをしていればいいという学校ではありません。

テストの点数が悪ければ、たとえ公式戦期間であっても補修を受けなければなりません。勉強もしっかり頑張りながら甲子園を目指すのが天理高校です。

ポイント

思いやる心とプレーの関係

例えば守備で、捕球する際に互いに声をかけ合うことや、送球するとき受け手が捕りやすい位置に投げること、ミスをした野手に投手が「オッケイ」と声をかけることなど、スムーズなプレーに相手を思いやる心は不可欠だ。思いやる心がチームの一体感にもつながる。

指導の根幹

筆者が天理高校の監督に就くまで。
はじまりは人を思う気持ちからだった。

CHECK 01 | 家族を思って進路を変更

ここでは少し、筆者の私自身について
お話ししたいと思います。子どもの頃か
ら野球をしてきて、高校野球を引退する
ときには、将来は高校野球の監督になり
たいと思っていました。天理大に進学し
て、体育の教員免許をとって、母校の天
理高校か地元・福岡の高校で体育の先生
をしながら指導者になって、甲子園を目
指したいというのが夢でした。

進学すると話していたので、プロのス
カウトの方も視察には来られていません
でした。ですが、私は父が早くに亡くなっ
ていて、弟も二人いましたので、「進学
となると、弟二人が大変だから働いてほ
しい」という母の言葉から、進路変更を
決めたのです。

感謝の気持ちを持って指導を続けてきた筆者

アップ＆キャッチボール

守備練習

打撃練習

走塁練習

投球練習

トレーニング

監督・中村良二の指導法

CHECK 02 人のつながりで近鉄に入団

恩師の橋本武徳先生に相談して、ＮＴＴ関西（現・ＮＴＴ西日本）を紹介いただき、内定をもらうことができました。すると、ＮＴＴ関西のほうから「プロに行ってもいいよ」という話をしていただ

いたようで、そこからプロのスカウトが来るようになりました。

その結果、近鉄バファローズが指名してくれたというのが、私がプロ入りした一連の流れです。

CHECK 03 夢への扉を開かせたもの

プロ野球選手になった時点で高校野球の監督になるという夢は諦めました。当時は元プロが高校野球の指導者になるためのハードルが高かったからです。

それが、プロ選手として引退後、天理大で監督をしているときに学生野球資格回復研修制度ができました。この研修を３日間受ければ、元プロ野球選手が高校野球の指導者になれるのです。

その頃、たまたま恩師が三度目の監督をされていました。私が資格回復を行ったときに理事長に呼ばれ、「高校に異動して恩師を手伝いなさい。恩師がバトンを譲るときに君が次の監督になりなさい」と伝えられ、天理高校のコーチになりました。

そして１年半後、橋本先生の勇退に伴って、私が監督になったのです。

CHECK 04 日々感謝して指導する

遠回りしましたが、元々の自分の夢が叶ったかっこうです。それも母校で叶うなんて思ってもいなかったので、信じられない気持ちとありがたいという思いしかありません。

プロの世界を経験したうえ、夢にしていた高校野球の指導者になれて、こんなに幸せでいいのかなと思います。日々感謝の気持ちを持って、少しでも選手の力になれたらとグラウンドに立ったのです。

指導の原点

指導のベースにあるのは、高校時代の経験。
恩師・橋本武徳元監督の影響も色濃い。

CHECK 01 | 目の前のプレーを大事にする

天理高校での3年間が自分をつくってくれた原点だと思います。教え子にもそういう3年間にしてほしいという思いで指導を続けました。

恩師の橋本先生は「優勝しよう」とか「甲子園に出よう」とか、一度も言ったことがありません。私がコーチをしているときも、そうした言葉は聞きませんでした。

ただ、相手がどこであろうと、目の前の試合で負けていたら、メチャクチャ怒る。勝負に負けることを一番悔しがる人でした。

甲子園に出るか出ないかより、目の前のプレーを大事にする。それは私自身の思いにも通ずることだと思います。

自分をつくる原点として、高校3年間を送ってほしいと筆者は願っている

アップ＆キャッチボール

守備練習

打撃練習

走塁練習

投球練習

トレーニング

監督・中村良二の指導法

CHECK 02 | 試合では好きにやらせる

　試合だけを見ると、私は公式戦ではあまり注意しないし、好きにやらせているように見られるので、そういうところも

橋本先生と似ているのかもしれません。橋本先生には好きにさせてもらっていたので、私も好きにさせているのです。

CHECK 03 | 好きにすることには責任が伴う

　好きにさせるためには、練習は厳しくしておかないといけません。そうでなければ、試合で考えてプレーすることはできません。好きにするということには責任があって、すごく難しいことなのです。

　指導陣も任せる以上は任せられるだけの根拠がないとダメで、それをどこで見つけるかと言ったら、練習しかありません。練習でいろいろな注文をして、厳しいことを言いながら、互いに刺激し合って初めて公式戦で「好きにやって来い」と私が言える。そこまで持っていかないといけないと思っています。

厳しい練習があるから試合で
考えてプレーできる

プロ野球を経験して

近鉄、阪神で11年のプロ生活を送り、練習の大切さを感じるとともに、練習の選び方の知識も得た。

CHECK **01** ｜ 練習がなぜ大事か

　プロを11年経験して、指導に活かされている部分はたくさんあります。

　私はプロ野球の世界で二軍暮らしが長かったですが、だからこそ練習は大事だなと思いました。

　プロはミスをしない選手が試合に出られる世界。

　そしてミスをしない選手になるために、基本練習をしっかり行うことが大切なのです。

ミスをしない選手になるために基本練習が大切

アップ＆
キャッチボール

守備練習

打撃練習

走塁練習

投球練習

トレーニング

監督・中村良二の指導法

CHECK 02 | 練習の選び方

プロでは練習の方法をたくさんのコーチ、監督に教わりました。ですが、私がプロでやっていたことで、高校生ではできないこともたくさんあります。だから、習った中で高校生に必要な部分を、私がチョイスして伝えていくことが大切だと思ってきました。

まずは全選手、基本練習をして基礎動作のレベルアップをしてもらい、その後、各選手のレベルに合わせた個別指導をします。

算数に例えたら足し算、引き算を低学年で覚えたあとに足し算の応用で掛け算を、引き算の応用で割り算を覚えますよね。そういう指導がよいと思っています。

ホームランが打てない子にはホームランを打つ練習より、まずはヒットを打つ練習をさせたほうがいい。その後ホームランが出るようになったら、ホームランを打てる練習をさせればいい。今の段階で必要なことを教えてあげればいいと思っています。

CHECK 03 | 他校の指導者から学ぶ

練習方法の選択については、他校の監督さんと情報交換をすることもあります。

例えば、智辯和歌山高校の中谷仁監督（元阪神）とは定期的に連絡を取り合い、時々ご飯を食べに行くなど仲よくさせてもらっています。野球の話をする中で、こちらの指導の参考にさせてもらうことも多いです。

スカウトしないチームづくり

スカウトしないのが天理高校の特徴の一つ。
志望者が入部するまでのチーム方針とは。

CHECK 01 | こちらからの勧誘はしない

　天理高校ではこちらから選手を勧誘するようなスカウト活動はしておらず、選手自身が希望するか、所属チームの紹介があった場合にのみ、視察に行くようにしています。

　そこで実際にプレーを見て、天理高校でやれると思った選手に受験してもらいます。

CHECK 02 | 本人が希望しているかどうか

　合格の基準は、天理高校で野球がしたいという本人の思いが第一です。希望している選手であれば、「自分で来たいと言ったなら、とことんやり切れよ」と言えるからです。

　こちらから誘って来てもらった選手で は、それが僕には言えません。他校では「話が違う」と言って、やめていったという話を聞くことがあります。

　ですが、「天理でやりたいです」と言ってくれた選手なら、厳しい練習も乗り越えてくれるのです。

ポイント

受験してもらう判断基準

　野球が上手かどうかでなく、野球に取り組む姿勢をまず第一に見ている。合格の決め手は、一生懸命プレーしているか、チーム内でコミュニケーションがとれているかどうかだ。

CHECK 03 ｜ 投手、捕手、遊撃手が基本

受験してもらう選手のポジションは、投手、捕手、遊撃手が基本です。特に遊撃手をしていて対応力のある選手なら、他のポジションでも十分に活躍することができるからです。高校からでも十分にやれます。

一方で、外野手の入部は、例年少ないです。

CHECK 04 ｜ 埋まっていないポジションを考える

視察の時期の最初のほうは、野球ができて学力も満たす選手で合否を決めますが、それだけではポジションの偏りが出てしまいます。ある程度の数が決まれば、調整に入ります。

埋まっていないポジションも守ることのできる選手であれば、合格を前向きに考えます。

選手たちは「天理高校で野球がしたい」と希望してきた者ばかり。だから厳しい練習にもくじけない

キャプテンの決め方

選手の投票で決まるというキャプテン。
3人の副キャプテンとともにチームの柱となる。

CHECK 01 | 部員間投票で決める

　キャプテンは基本的に部員間投票で決めています。
　私が選手の頃は部員間投票の結果を見て、最終的に監督とコーチが決めていた

と思いますが、私が監督になってからは、最も得票数の多かった選手を呼んで、「キャプテンできるか？」と聞き、「やります」と答えたら、任せています。

CHECK 02 | 副キャプテン3人をキャプテンが決める

　「やります」とキャプテンを引き受けた選手には、副キャプテンを3人、投手と内野と外野から一人ずつ決めるように伝えます。

　キャプテンから、副キャプテンをしてもらいたい選手に自ら頼みに行ってもらって、引き受けてもらえたら、4人で私のところに来るように伝えています。

ポイント

キャプテン、副キャプテンの仕事

　キャプテンだけではチームをまとめるのは負担がかかるので、副キャプテンにサポートしてもらう。また、投手、内野、外野から1人ずつ選ぶことでチーム内の情報共有もスムーズに行えるので、4人でチームをまとめている。
　例えば、内野手の選手がキャプテンであれば、内野ノックを受けているときに投手や外野手を見ることができない。そうしたときに副キャプテンの選手が各ポジションをまとめる。ポジション別の練習でも引っ張れる選手がいるように、投手、内野手、外野手から副キャプテンを出しているのだ。

アップ＆キャッチボール

守備練習

打撃練習

走塁練習

投球練習

トレーニング

監督・中村良二の指導法

CHECK **03** | 1年生の5月からは日替わり責任者も

キャプテンは、どの選手も、やっていくうちにリーダーらしくなってくるものです。私も小、中、高とキャプテンをしていたので、大変さもわかります。キャプテンにはいろいろなスタイルがあると思います。言葉で引っ張るタイプもいれば、口数が少ないけれど姿勢で引っ張るタイプもいるので、どんなタイプかは気にしていないです。

いずれにしても、キャプテンになるような選手は、下級生の頃から同級生を仕切っていることが多いです。

1年生の5月からは日替わりで学年の責任者をつけて、新チームになるまで毎日続けます。それをする中で、「だれがキャプテンに相応しいかを、学年で考えながら生活しなさい」と選手には伝えています。

キャプテンと副キャプテンを中心にチームがひとつになって練習していく

メンバーの決め方

県大会のメンバーをどう決めるのか。
ここでも投票という手段がとられている。

CHECK 01 | 20人+別枠を投票で決めていた

少し前までは、県大会のメンバー20人について、自分の名前も入れることを許可したうえで、部員間投票させていました。加えて、実力では20人には入れないけれど、一生懸命野球に取り組んでいたり寮生活をしていたりして、ベンチに入れてほしいという選手は別枠で書くというやり方をしていました。

その中から各ポジションで最も票数が多い選手に1ケタ背番号を与えます。残りのメンバーはポジションのバランスを考えながら投票結果を見て決めていました。別枠で、すごく票数を取る子もいました。

ベンチ入りメンバーは、部員間投票をベースに決められる

CHECK **02** | 17人を投票で選ぶ方式に変更

2022年からは趣向を変えて、選ばれるべき人が選ばれるほうがいいだろうという考えになりました。自分の名前を入れずに17人を選ぶようにして、全部員の3分の2の票数を取った選手は、自動的にベンチに入れるという形をとりました。

すると、その年の春は16人、夏は17人が3分の2を取り、残りの3、4人を私たちスタッフで決めました。

やってみると、20人だったからこの子が入っていたんだなというのもわかってきました。17人となると、選手も慎重に考えるのです。

CHECK **03** | 上級生がベンチワーク

年度によって上級生、下級生の割合は変わってきますが、どの年代も上級生がベンチワークをしっかりやってくれることに変わりはありません。

チームで過ごす時間が長い分、先輩からの伝統を受け継ぎながら、上級生になる頃には考える力や判断力が自然と身につくことが多いです。

ポイント

メンバーに入れなかった選手にかける言葉は

メンバーに入れなかった選手には、「自分たちが選んだベンチ入りメンバーを、責任を持ってしっかりサポートしてあげなさい」、「次の大会では自分がベンチ入りできるように、練習や生活態度を見直してみなさい」と言っている。

サインをあまり出さない理由

「ノーサイン野球」ともいわれる天理の野球。
その実態は。

CHECK 01 | ## 段階的に減らすサインの回数

甲子園では、自分がやってきたことを発揮してほしいという願いから、あまりサインは出しません。県大会では、甲子園に出させてやりたいという思いがあるので、甲子園よりはサインを出します。

でも、練習試合よりは出していません。試合のカテゴリーでいうと、練習試合が一番サインを出しています。ただ、練習試合でも頻繁に出場していない子たちには、基本的に自由に打たせています。

段階をつくって練習試合を経験させて、県大会、近畿大会、甲子園と戦っていくうえで、自分に自信を持たせてやりたいのです。

甲子園でサインを出すことは少ない。選手はのびのびプレーする

アップ&
キャッチボール

守備練習

打撃練習

走塁練習

投球練習

トレーニング

監督・中村良二の指導法

CHECK 02 　　理想はラグビー

　私はラグビーのような試合をしたいと思っています。ラグビーは自分たちでプレーを決めて、監督はスタンドにいます。2015年ワールドカップの南アフリカ戦では、監督が「キックを選択しろ」と指示しましたが、選手は自分たちの意思でスクラムを選択して逆転勝ちをしました。

　一人ひとりが考えて選択できるチームは強いし、それができることは人が生きる強さにもつながります。

　私は「お前たちが決めろ」と言える監督でいたいのです。

CHECK 03 　　甲子園で「天理の子は楽しそう」

　甲子園に出場すると、スタンドで観戦した知人から、「天理の子たちはとても楽しそうにプレーしているよね」と言われます。

　一生懸命やっているのですが、その中でも笑みがあるなど、喜怒哀楽を出しているのです。

　身内ですから言ってくれるのだと思いますが、「本当にいいものを見させてもらった」と喜んでいただけます。勝負事ではありますが、選手は負けたときもいい試合をしていると思います。

ポイント

人をつくるとは

　野球は一人ではプレーが成立しないスポーツであることを理解させて、自分が生きていくうえでも一人では何もできないことに気づかせ、人を大切にする気持ちをはぐくめるようにしたい。

甲子園という場所

憧れの聖地に届くのは、「選ばれた学校」のみ。
甲子園に相応しいチームの条件を考える。

CHECK 01 | 「選ばれた学校」しか行けない

　甲子園は、選手が行く場所だと思っています。いろいろな意味で成長させてもらえる場です。

　ただ、記念大会を除けば、春は32校、夏は49校しか出られません。天理高校には強豪というイメージがあるかもしれ

ませんが、私自身は毎年のように甲子園に簡単に行けるとはもちろん思っていないし、生徒たちにも「簡単に行けると思ったら大間違いだ」と言っています。

　あそこにはやっぱり、選ばれた学校しか行けません。

CHECK 02 | 甲子園に相応しい存在になる

　甲子園に相応しい学校になろうと、私は選手に言っています。

　野球のマナーを身につけ、しっかりした寮生活や学校生活を送って、学校にも「甲子園に応援に行こうよ」と言ってもらえるような人間になる。私自身もそんな人材育成を当然しないといけないと思ってきました。

　甲子園に出場したら、なんでもありというわけではなくて、「天理高校は甲子園に相応しいよね」と言われる立ち振る舞いができる野球部になりたいです。

　甲子園は目標にするだけの価値があります。指導者も、甲子園に出場するに相応しい学校であるよう、学び続けることが大切だと思います。

CHECK **03** | ベンチの後ろで座っている

　私は甲子園に出てもベンチではあまり立っていません。

　守りのときはベンチの後ろに座って試合を見守っています。攻撃のときはランナーが出たら立って、一応サインを出すフリをするくらいです。もちろん、本当にサインを出すこともありますが。

　甲子園は選手が楽しむ場所です。

　指導者として行ってみて、つくづく思いましたので、基本的にはベンチの後ろにいて、部長と見ています。

　たまに、選手同士の指示が足りていないと感じるときなどに、こちらから一言かけることはありますが、多くはありません。攻撃前の円陣も、選手たちに任せています。

💡 ポイント

寮生活や学校生活について

　学校や寮では規則正しく生活するよう指導している。寮では約60名が共同生活をするので、寮生活を通じて人間力を磨くべく、決められたルールを守ることが求められる。起床は6時から6時30分の間。点呼をして掃除、朝食のあとに7時30分頃に登校。放課後は全体練習が終わったら、寮に戻って夕食を個々で。22時30分頃に点呼して就寝となるので、それまでに風呂に入ったり、寮の隣の室内練習場で自主練習をしたりする。門限は19時で、外出できるのは練習が休みの日や土日になる。

天理高校野球部の寮

おわりに

この本を手に取ってくださって、ありがとうございます。みなさんには、天理高校イコール甲子園というイメージがあるかもしれませんが、決してそうではありません。日ごろ、みんながどれだけ頑張ったかで、甲子園に行けるかどうかの確率が変わります。

だから天理高校に入学する選手には、甲子園に行きたかったら、それだけの練習をしてほしい。そこで身につけたものが、将来にも必ず役に立つと思います。

とはいえ、高度な練習メニューを日々取り入れているわけではなく、基本動作の習得を大事にしています。この本でも、投げる、打つ、守る、走る、それぞれに必要な基本の部分を紹介しました。ぜひ繰り返し読むことで、野球上達の一助にしていただけたら幸いです。

一方で、死ぬまで野球を続けることはできません。どこかで野球選手としての人生は終わります。ですから、終わったあとの人生を豊かにするため、子どもたちには野球を通じていろい

ろなものを学んでほしい。

　天理高校を志す小中学生には、野球だけでなく、さまざまなことを学ぶためにこの学校を選んでほしいなと思います。

　2023年をもって私は天理高校の監督を退任することになりました。大学で約6年、高校で約10年。天理で長く指導させていただき感謝しています。本書では中でも大事に思うことをまとめました。私自身、野球を通した学びを生かし、新たな挑戦をしていけたらと思っています。

2023年12月
天理高等学校硬式野球部監督
中村良二

著者プロフィール

中村良二
（なかむら・りょうじ）

1968年生まれ、福岡県三井郡北野町（現・久留米市）出身。天理高―近鉄―阪神。左投右打。現役時代のポジションは一塁手。天理高3年時の86年には主将として夏の甲子園で奈良県勢初優勝に導いた。同年のドラフト会議で近鉄から2位指名を受ける。近鉄で10年、阪神で1年のプロ生活を送った後、藤井寺リトルシニアの監督や社会人の大和高田クラブ、日本新薬のコーチを務めた。2008年に天理大の監督となり、その後チームを阪神大学野球リーグの2部から1部に引き上げるなど指導力を発揮。14年2月に天理高コーチ、15年8月から天理高の監督。17年夏と21年春には甲子園4強入りを果たした。教え子には太田椋（オリックス）や達孝太（日本ハム）ら。

協力
（後列左から）
西尾弘喜 コーチ
笠井要一 部長
林田陽介 副部長
（前列左から）
中腰新志 コーチ
高橋良 コーチ
島正幸 副部長

撮影協力
天理高等学校
硬式野球部

奈良県天理市にある男女共学の私立校。1900年に天理教
校として創立され、48年の学制改革に伴って現校名にな
った。野球部は創立翌年に創部。春26回、夏29回の甲子
園出場経験があり、夏は86年と90年、春は97年に優勝を
果たしている。OBには関本賢太郎（元阪神）、中村奨吾（ロ
ッテ）ら多数のプロ野球選手がいる。

デザイン／ 黄川田洋志・井上菜奈美（ライトハウス）、
　　　　　 田中ひさえ、藤本麻衣
写　　真／ 佐藤真一
構　　成／ 馬場遼

強豪校の練習法
野球 天理高校式メニュー 基礎・基本を大切に甲子園へ

2023年12月20日　第1版第1刷発行

著　者　中村 良二
発行人　池田 哲雄
発行所　株式会社ベースボール・マガジン社
　　　　〒103-8482 東京都中央区日本橋浜町2-61-9
　　　　　　　　　　TIE 浜町ビル

　　　　電　話　03-5643-3930（販売部）
　　　　　　　　03-5643-3885（出版部）
　　　　振替口座　00180-6-46620
　　　　https://www.bbm-japan.com/

印刷・製本／広研印刷株式会社

©Ryoji Nakamura 2023
Printed in Japan
ISBN978-4-583-11474-3　C2075